おうち フレンチ

一流に教わる基本のレシピ

三國清三

ナツメ社

　フランス料理は敷居が高い。そんなふうに思われているかもしれません。でも、スーパーにある食材や、家にある調理器具で、時間をかけずに作れるといえばどうでしょうか。

　本書では、アミューズからデザートまで、フルコースのレシピを紹介していますが、どれもご家庭で気軽に作れるものばかりです。もし調理器具がなかったとしても、ご家庭にあるもので使えそうなものがあれば、代用してもらって構いません。例えば型がなければ、牛乳パックで自作してもよいのです。それくらい、気軽にチャレンジしてもらいたい。調理工程も、できるだけシンプルにしました。漉すと時間がかかってしまうところを省略したり、代わりにミキサーで回したり。難しい飾りつけもしていません。短時間で簡単に、フランス料理を難しく考える必要のない内容になっています。

　ですがやはり、せっかく作るのだから豪華に、おしゃれにしてみたいですよね。だから、長い経験から培ったぼくのアドバイスを随所に入れています。家庭料理として気軽に作れて、なおかつ、遊びにきたお客さんにおもてなししても、喜んでもらえるような料理ばかりです。

　同じ料理でも、何度も作っていくうちに、腕前はあがるものです。まずは本書のレシピ通りに作ってみて、慣れてきたらお好みでアレンジを加えてみてもよいでしょう。とにかく気軽に、フランス料理を身近に感じてもらえたら嬉しいです。

オテル・ドゥ・ミクニ

三國　清三

目次 contents

三國シェフの料理の基本

第1章 アミューズのレシピ

第2章 前菜のレシピ

第3章　オーブン料理のレシピ

第4章　魚料理のレシピ

第5章 肉料理のレシピ

第6章 デザートのレシピ

〈本書の決まり〉
・本書で使用している計量スプーンは大さじ15㎖、小さじ5㎖です。
・材料の野菜や果物は個数とグラムを併記していますが、細かくして使うものなどはグラム表記のみの場合があります。
・個体差があるので材料の個数表記はあくまで目安です。
・材料の水や調味料は、㎖単位や大さじ小さじで表記してありますが、少量の場合など、計りづらい場合はグラム単位で表記してあります。
・火加減や焼き時間などはあくまで目安です。様子を見ながら調理してください。
・オーブンの温度、加熱時間は機種によって異なりますので、加減して加熱してください。
・本書で使用している醤油はすべて濃口醤油です。
・材料の分量は2人分、または作りやすい分量です。写真の盛りつけとは違うことがあります。
・保存可能期間はあくまで目安です。できるだけ早めに食べきってください。

本書の見方

料理の完成写真です。盛りつけの参考にしてください。焼き具合などの完成状態は写真の状態を目指しましょう。材料の分量と盛りつけとは違うことがあります。

必要な材料と下準備です。下準備は先に済ませておくとスムーズに調理を進めることができます。

シェフ直伝の調理のコツや特に気をつけたいポイント、家庭で作りやすくするための工夫を紹介しています。調理法についての解説も載っていますので、調理を始める前に読むと理解が深まります。

ローストビーフ
Roast beef

最大のポイントは、肉の火の入れ方

牛肉は室温に戻しておきます。肉の火の入れ方は肉のかたまりの大きさにもよるので一概にはいえませんが、少なくとも1時間はおいておきましょう。冷蔵庫から出したてのものでは、火が通りにくいからです。表面は理想の焼き具合なのに、肉の中心部は冷たいままといった状態になってしまいます。

塩、こしょうをふったら、オーブンで焼く前にフライパンで表面を焼き固め、旨みを中に閉じ込めましょう。

オーブンで焼いたら、アルミホイルに包んで休ませます。「肉は焼いた時間と同じだけ休ませる」とよくいわれますが、これがローストビーフを美味しく仕上げるコツです。この間に肉汁が落ち着き、肉の中に閉じ込められます。焼きたてをすぐにカットすると、せっかくの美味しい肉汁があふれ出てしまいます。

ソースには、肉と野菜の旨みを加えて深みを出す

肉を休ませている間ソースを作ります。香味野菜を使った天板には旨みがこびりついているので、ビーフだしを注いでこそげ取ります。香味野菜ごとフライパンに移して、軽く煮詰めて野菜の旨みもソースに移しましょう。さらに、ソースの仕上げに、休ませている間に出てきた肉汁も加えます。このようにして、肉と野菜の旨みを余すところなくソースに移し、ソースに深みを与えるのです。

★材料（2人分）
牛もも肉（かたまり）……300g
塩、粗挽き黒こしょう……各適量
ニンニク（皮つき）……1片
オリーブオイル……大さじ1
香味野菜
　玉ネギ……1個（300g）
　ニンジン……1本（160g）
　ジャガイモ……1個（300g）
ローリエ……1枚
ローズマリー……1枝
ビーフだし（→P.18）……200ml
塩、黒こしょう……各適量
バター……12g

★下準備
・牛肉は室温に戻しておく。
・玉ネギは縦半分に切り、それを半分に切る。
・ニンジン、ジャガイモは乱切りにする。

1 下味をつける	2 香りを出す	3 肉を焼く

牛肉に塩、粗挽き黒こしょうを、やや多めにふる。	フライパンにオリーブオイルを熱し、ニンニクを皮ごと入れ、香りを出す。	牛肉を入れて強火で焼く。

焼いているうちに取れてしまうので、多めにふりましょう。

オーブンで焼く前に表面を焼き固めておくことで、旨みを中に閉じ込めるため。

作り方を写真つきで紹介しています。解説文の下の黄色い囲みにはさらに細かい解説や補足、シェフからのワンポイントアドバイスを載せています。

ワンランクアップした仕上がりにするための、シェフからのアドバイスです。アレンジのアイデアや盛りつけの方法なども紹介しています。

料理名の由来や発祥、用語の解説など、知っていると楽しい豆知識を紹介しています。

素材をいかす「旬」と「うま味」

　素材本来の味を引き出し、美味しさを追求するというのは、料理をするうえで基本となり、大切なこと。ですのでまずはレシピを紹介するより先に、旬の素材のよいところと、素材のうま味についてご説明します。料理を始める前に、覚えておいてください。

まずは旬の素材を知ること

　旬の素材は、味がよいのはもちろんのこと、その季節に人間が必要としている栄養素がバランスよく入っています。旬の食材を使うことで、体の免疫力や抵抗力を高めることができるのです。しかも旬ということはたくさんとれるということですから、その時期になるとお店で買う値段も安くなります。今は何が旬なのか。そういうことを少しでも意識できるようになればよいと思います。

冷凍品を上手に活用する

　とはいえ今回は、皆さんが少しでも作りやすいよう、春夏秋冬、一年を通して手に入る食材を意識して使いました。せっかくご家庭でフレンチを作ろうと思っても、食材が手に入らないのでは意味がありませんからね。

　だから覚えておいてほしいのが、冷凍品の優秀さ。冷凍と聞いたら、旬とは真逆ではないかと思われそうですが、冷凍品を買うのは実はかしこい買い物方法なのです。それは、旬にとれたものを冷凍し、出回りづらい時期にも買えるようにしたものだから。夏が旬の野菜があったら、夏に冷凍しておいて、冬に市場に出しているのです。だから旬からはずれた食材を買うときは、その時期にとれたものを買うよりも、栄養価の高い旬の時期にとれて冷凍しておいたものを買うほうが、おすすめです。

素材のうま味を最大限にいかす

家庭で最も身近な基本のだしは、昆布とかつお節でとりますよね。他に味つけなんてしなくても、だしはそれだけで完璧な味です。これは、昆布のグルタミン酸と、かつお節のイノシン酸という、「うま味」の成分を合わせることによって、だしが作られているからです。だしの美味しさには、ちゃんと科学的な根拠があるのです。

うま味とは、5つの基本味（甘味、酸味、塩味、苦味、うま味）のうちのひとつ。ぼくは料理をするときに、このうま味を、とても大切にしています。うま味成分として代表的なのが、昆布や野菜などに含まれる「グルタミン酸」、魚や肉、かつお節などに含まれる「イノシン酸」、キノコ類に含まれる「グアニル酸」です。この中で、グルタミン酸とイノシン酸を合わせると、うま味は約8倍になるといわれています。

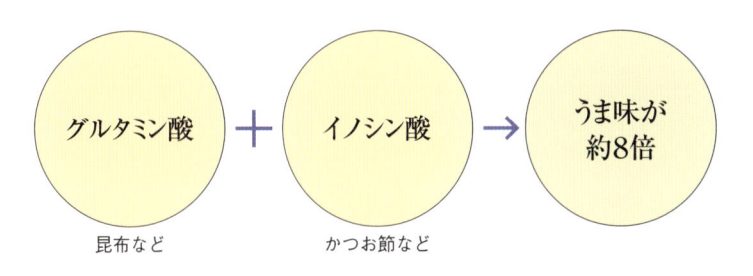

グルタミン酸 ＋ イノシン酸 → うま味が約8倍

昆布など　　　　　かつお節など

だからぼくは、レシピを考えるときは常に、グルタミン酸のグループとイノシン酸のグループを足すように意識して食材を選んでいます。さらにそこにグアニル酸のキノコを加えれば、塩をしなくても味は何倍にも膨らんでいきます。これはフレンチに限らず、和洋中なんでもそう。うま味を増幅させる組み合わせを覚えておくと、調味料も少なく、素材のもつ力をフル活用できますよ。

◆ うま味成分を含む主な食材

グルタミン酸	昆布、チーズ、野菜（トマト、白菜、ホウレン草など）、緑茶など
イノシン酸	かつお節、煮干し、魚介類、肉類など
グアニル酸	キノコ類、干しシイタケなど

料理の腕をあげる4つのコツ

ここでは、どんな料理にも使える料理のコツをお教えします。本書の中でも何度も出てきますから、覚えておいて損はありません。どれも簡単なことですが、ご家庭ではあまりやらない、ワンランク腕があがるプロの技でもあります。

1 油の使い方のコツ

植物性のオイルと動物性のオイルは素材によって使い分けてください。素材自体に旨みがあるならば、オリーブオイルなど植物性のものを使います。動物性の油脂のバターは、コクがほしいときや、バターの風味をつけたいときに使ってください。本書の中でも使い分けていますから、注目してみると違いが分かると思います。

また、ベーコンや脂身の多い肉など、焼いたときに素材から脂が出てくる場合、そのあとに加える材料が少なければ、その脂だけで調理することができます。使う材料が多い場合は素材の脂だけでは足りませんので、バターやオリーブオイルを足してください。

2 味つけのコツ

塩、こしょうによる味つけは3回に分けます。下準備として素材に下味をつけ、煮たり焼いたりしている途中で再度塩、こしょうをし、調理の最後に味をととのえて仕上げ、といった流れです。一度で決めようとすると、ついつい味をつけすぎてしょっぱくなってしまうんですよ。これはどんな料理にも共通する基本事項です。

塩は、海にいた魚には少なめに、陸にいた肉には多少多めにふると覚えておくとよいでしょう。こしょうは牛肉や鴨肉などの身が赤い素材には黒こしょう、豚肉や鶏肉などの身が白い素材には白こしょう、と使い分けます。

3 アク取りのコツ

　アクを取るとき、液体をすくわないように取ろうと思っても、つい美味しい液体の部分まですくってしまい、捨ててしまうことも多いのではないでしょうか。

　ぼくら料理人は、アクを取るときに、息を吹いて落とします。変わったやり方に見えるかもしれませんが、無駄なくアク取りができますので、その方法をご紹介しましょう。

アクの取り方

アクを入れるために、水を入れたボウルを用意しておく。アクだけをすくおうとせず、下の液体とともにレードルですくう。

用意したボウルの上で、ふっと息を吹きかけてアクを落とす。

アクだけを吹き落とすことができた。レードルにはアクのない液体だけが残っている。レードルに残った液体は鍋に戻す。

4 盛りつけのコツ

　ぼくはお店では「虹の7色」を取り入れています。虹を見ると、綺麗だと思うでしょう。それは虹の7色が、人が見て一番綺麗だと思うパーフェクトなバランスだからです。しかも7色使うと、1回の食事で必要な栄養素がほとんどそろうんです。色によって栄養素が全部違いますから。さすがに7色というのは難しいと思いますが、3色くらい使うように意識すると、見た目が華やかになりますよ。

　また、あまり平べったく盛らず、高さを意識して積むような盛り方にすると、リッチに見えます。技術面ではないですが、ちょっとこじゃれたお皿を用意することもコツのひとつ。白い料理なら黒いお皿を用意するとか、カラフルなものを選ぶとか。形を変えてみるとか。高いものである必要はありません。変化をつけるだけでよそ行きに見えて、いつもの料理がちょっと特別になります。

素材別 焼き方のコツ

　料理をするうえで一番大切なのは、温度管理です。火の強さや時間をしっかり管理することが重要になってきます。これは料理ごとにすべて違いますから、それぞれの工程の中で詳しく説明していますが、ここでは素材ごとの焼き方のコツをお教えします。

魚の焼き方

皮つきの魚は皮面から焼く

　切り身の焼き魚は、身はふっくら、皮はカリッと焼き上げるのが理想的。皮面をじっくり焼いてカリカリにしましょう。

　塩、こしょうは軽くして、皮面から焼いていきます。皮面がカリカリになるまでじっくりと焼くと、中まで間接的に火が入っていきます。皮が焼けたら身側を焼いていきますが、決して火を入れすぎないでください。身に火を入れすぎるとパサパサになってしまいます。フライパンに溜まった脂をスプーンですくって身にかけることをアロゼといいますが（→ P.153 コラム）、これをすると火が早く身に通ります。

牛肉の焼き方

かたまり肉は動かしながら全体に火を通す

　ステーキやローストビーフに使われるかたまり肉は、分厚いため、焼きが足りないと表面が焼けていても中心部が冷たいまま、なんてことになりかねません。そのため、調理を始める1時間程前に冷蔵庫から出して室温に戻しておいてください。中まで火が通りやすくなります。

　身が赤いので、黒こしょうをふります。焼いているうちに落ちてしまうので、少し強めにふりましょう。そして、トングで肉を動かして鉄板に当たっている面を変えながら、各面を焼いていきます。

　牛肉はお好きな焼き加減で。さわってみて、耳たぶくらいの弾力があればミディアムレアです。

豚肉の焼き方

脂身を使ってしっとりと焼く

豚肉は牛肉のように、中は多少赤くても OK、とはいきません。中までしっかり火を通しましょう。でも、焼きすぎてかたくなってしまう、というのがよくあるミス。そこで、豚肉の脂身を利用すると、しっとりと焼き上げることができます。

まずは焼く前に、脂身に包丁で切り込みを入れます。脂を出やすくするためです。こしょうは白をふってください。そして脂身が下になるようにトングではさんで、脂身だけを焼きます。このとき、ほかの油をひいておく必要はありません。1 枚ずつだとやりづらいでしょうから、2 枚重ねるとよいでしょう。

しばらくすると、脂が溶け出してきます。脂身に焼き色がつくまでじっくり焼いてから肉を倒し、その脂を使って各面を焼いていくと、しっとりして、なおかつきちんと中まで火が通った仕上がりになります。

鶏肉の焼き方

焼き縮みを防いで、全体をムラなく焼く

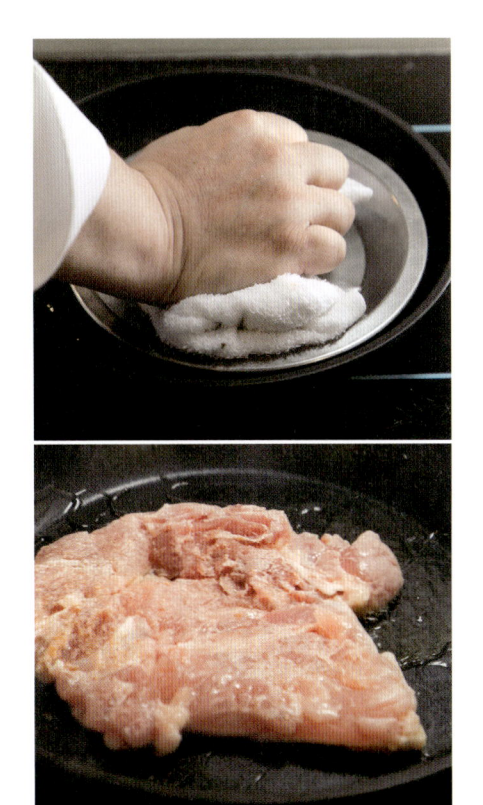

皮をカリッと焼き上げると美味しいのが鶏肉。こしょうは白をふり、必ず皮面から焼いてください。焼き色がつくまでは動かしません。鶏肉の皮は、焼くと縮みやすく、身が反り返ってきてしまいます。加えて鶏肉は表面が平らではないので、均一に火を入れるのが難しいといわれています。どんな料理でも、焼きムラがあると美味しさが半減します。均一に火を入れられるかが美味しさの鍵です。

まず、皮面にフォークで穴を開けると、焼き縮みを防ぐことができます。しかし、それでもどうしても反ってきてしまうもの。そこで、反り返ってくる鶏肉は、蓋など平らなもので押さえつけながら焼きましょう。均一に火に当たり、焼きムラがなく、皮もカリッと仕上がります。

小麦粉をまぶすことも、皮をカリッとさせるコツ。しかしつけすぎると逆にそれが焦げの原因になるので、余分な粉ははたいて落としてから焼いてください。これはほかの料理においても注意したい点です。

本書で使用する4種のだし

チキンだし

鶏手羽と香味野菜、白ワインを使ってとるだし。肉料理をはじめ、いろいろな料理によく合います。本書ではビスク（→ P.58）やグリンピースの軽い煮込み（→ P.66）、鶏肉のフリカッセ（→ P.146）などに使用しています。

だしをとったあとの鶏手羽は、ほぐしてサラダなどに使えます。

ビーフだし

牛スジ肉と香味野菜、赤ワインを使ってとるだし。牛肉を使う料理によく合います。豚肉、羊肉にも。本書ではハンバーグ（→ P.120）や骨つき仔羊のロティ（→ P.150）、鴨のロティ（→ P.154）などに使用しています。

だしをとったあとの牛スジはフードプロセッサーで回してピューレにし、料理にアレンジできます。

本書で紹介するレシピの中には、度々だしが登場します。だしは料理の土台となるもの。どれもご家庭で簡単にできますので、多めに作っておいて、いろいろな料理に応用できます。冷凍庫で約1ヶ月間保存可能ですが、冷凍庫の臭いが移らないうちに使ってください。

野菜だし

　野菜と白ワインを使ってとるだし。汎用性が高くどんな料理にもよく合います。本書では野菜のテリーヌ（→P.28）や鯛のポシェ（→P.96）、ブイヤベース（→P.106）などに使用しています。

　だしをとったあとの野菜はミキサーで回してピューレにし、ポタージュなどにできます。

うま味だし

　昆布とかつお節を使ってとるだし。和風な味つけの料理はもちろん、和洋中なんでも合わせることができます。本書ではきのこのクリームスープ（→P.54）やカレイの軽い煮込み（→P.102）などに使用しています。

　だしをとったあとの昆布とかつお節は2番だしをとり、煮物などに。さらに昆布は刻んで使えます。

チキンだし

Fond de volaille

手羽を軽く焼くと時間短縮になる

　肉料理だけでなく、野菜を使った料理などにも使えるチキンだし。焼いた鶏手羽に白ワインと水を加えて火にかけ、そこに香味野菜を加えて30分煮て、漉せば完成です。鶏手羽のイノシン酸と香味野菜のグルタミン酸が組み合わされ、味が膨らみます。

　ポイントは、煮る前に鶏手羽を軽く焼くこと。お店では生のまま煮ますが、焼いてから煮れば時間短縮になり、香りもよくなるので、おすすめです。ただ、焼き色をつけすぎるとだしに色が出てしまうので、注意してください。

● **材料**（仕上がり600㎖）

鶏手羽 ・・・・・・・・・・・・・・・ 400g
サラダ油 ・・・・・・・・・・ 大さじ1
香味野菜
┌ 玉ネギ ・・・・・・ 1/2個（150g）
│ ニンジン ・・・・・ 1/2本（90g）
│ セロリ ・・・・・・ 1/2本（50g）
│ ニンニク ・・・・・・・・・・・・・1片
└ パセリ ・・・・・・・・・・・・・・・1枝
白ワイン ・・・・・・・・・・・・・ 100㎖
水 ・・・・・・・・・・・・・・・・・・・ 1ℓ

● **下準備**

玉ネギ、ニンジン、セロリは薄切りにする。

展開レシピ

グリンピースの
軽い煮込み
（▶P.66）

鶏肉の
フリカッセ
（▶P.146）

1 鶏手羽を焼く

鍋にサラダ油を熱し、焼き色がつく程度まで鶏手羽を焼く。

焼くことで香りがよくなり、時間短縮にもなります。焼き色をつけすぎると、だしに色がついてしまうので注意してください。

2 水分を加える

白ワイン、水を加え、一度沸かす。

このときアクが出てきますが、良質なアクなので取らなくてよいです。

3 香味野菜を加える

香味野菜をニンジン、セロリ、玉ネギ、パセリ、ニンニクの順に加え、もう一度沸騰させる。

沸騰させることにより殺菌作用があり、臭みも取ることができます。

4 アクを取る

沸いたら弱火にしてアクを取り、30分程煮る。

臭いがこもってしまうので蓋はしません。

5 煮終わり

途中でアクが出てきたら取り、30分程で煮終わり。

6 漉す

ボウルにザルを重ね、キッチンペーパーを敷いて、だしだけを流して漉す。鶏手羽や野菜はレードルで押さえておくと無駄なくだしをとれる。

鶏手羽のアレンジ方法

だしをとったあとの鶏手羽は、捨ててしまうのが普通ですが、ご家庭でそれをやってしまうと、とてももったいない気持ちになると思います。なので、手でほぐして、サラダなどに使いましょう。香味野菜はミキサーで回せば、ポタージュなどに使うことができます。食材を余すことなく使うというのも、おうちフレンチの大事なポイントです。

だしをとったあとの手羽を、粗熱をとってから手でほぐす。

すぐにさわると火傷の危険があるため、必ず粗熱をとってからにしましょう。

味はある程度抜けてしまっているので、サラダなどにしてドレッシングをかけて食べるとよい。野菜はミキサーで回し、ポタージュなどに活用する。

ビーフだし

Fond de bœuf

牛スジをよく炒めるのがポイント

　牛肉を使った料理には特に合い、そのほか豚肉や羊肉にもよく合うのがこのビーフだし。牛肉にはイノシン酸が、トマトをはじめとした野菜にはグルタミン酸が多く含まれているので、うま味の相乗効果が起こります。

　牛スジを炒めたら香味野菜を加えて火を通し、赤ワインと水を加えて30分煮て、漉します。このときポイントとなるのが、牛スジをよく炒めること。赤い部分がなくなるまでしっかり炒めてください。牛スジには鶏や豚のスジを混ぜてもよいです。

● **材料**(仕上がり400㎖)

牛スジ肉 ……………… 400g
サラダ油 …………… 大さじ1
香味野菜
┌ 玉ネギ …… 1/2個(130g)
│ ニンジン …… 1/2本(100g)
│ セロリ ……… 1/2本(40g)
└ トマト ……… 3個(420g)
ニンニク ………………… 1片
パセリ …………………… 1枝
ローリエ ………………… 1枚
赤ワイン …………… 300㎖
水 ………………… 500㎖

● **下準備**

・玉ネギ、ニンジン、セロリを薄切りにする。
・トマトのヘタを取る。

展開レシピ

ハンバーグ
(▶P.120)

鴨のロティ
(▶P.154)

1 牛スジを炒める

鍋にサラダ油を熱し、牛スジ肉を赤みがなくなるまでしっかり炒める。

鶏や豚のスジ肉を加えてもよいです。

2 香味野菜を加える

香味野菜をニンジン、セロリ、玉ネギ、トマトの順に加える。

トマトは手間を省くためにカットしていません。調理しづらいと感じたら、乱切りにしてから加えてください。

3 水分を加える

赤ワイン、水、パセリ、ニンニク、ローリエを加える。

4 沸かす

一度沸騰させ、アクを取る。

5 煮る

弱火にして30分程煮る。途中でアクが出てきたらアクを取る。

臭いがこもってしまうので蓋はしません。

6 漉す

ボウルにザルを重ね、キッチンペーパーを敷いてだしだけ流し入れ、漉す。

牛スジと野菜をレードルで押さえておくと無駄なくできます。

牛スジのアレンジ方法

　だしをとったあとの牛スジ肉は、チキンだし（→P.16）のときと同じように、捨ててしまわずに再利用しましょう。

　フードプロセッサーで回してピューレにします。カレーに入れたり、スパゲティ（ボロネーゼ）にしたりと、使い道はさまざま。ミキサーだと回らない可能性が高いので、フードプロセッサーを使ってください。

だしをとったあとの牛スジ肉や野菜をフードプロセッサーに入れ、回す。

ピューレ状になった牛スジ肉。カレーやスパゲティ（ボロネーゼ）に使用できる。

野菜だし
Bouillon de légumes

野菜の旨みを引き出す

野菜を使った料理はもちろん、魚料理など、幅広く活用できる野菜だし。実はこのだしはブイヨン・ド・レギュームといって、1983年にぼくが初めて発表したもの。今では定番のだしになっています。野菜の旨みを十分に引き出して作りましょう。

鍋に材料の野菜をすべて入れて水を加え、アクを取りながら30分煮て、漉せば完成です。だしをとったあとの野菜は捨ててしまわずに、ミキサーで回してピューレにすれば、ポタージュなどにできます。

● **材料**（仕上がり560㎖）

玉ネギ……………1個（260g）
ニンジン………1/2本（80g）
セロリ…………1/2本（40g）
トマト…………5個（700g）
ニンニク………………1片
パセリ…………………1枝
ローリエ………………1枚
白ワイン……………150㎖
水………………………1ℓ

● **下準備**

・玉ネギ、ニンジン、セロリを薄切りにする。
・トマトのヘタを取る。

1 材料をすべて入れる

鍋に材料をすべて入れて、火にかける。

トマトは手間を省くためにカットしていません。調理しづらいと感じたら、乱切りにしてから加えてください。

2 沸かす

一度沸騰させたらアクを取る。

3 煮る

弱火にし、30分程煮る。途中アクが出てきたら取る。蓋はしない。

4 漉す

ボウルにザルを重ね、キッチンペーパーを敷いてだしだけを流し入れ、漉す。

野菜はミキサーで回してピューレにすれば、ポタージュなどに使えます。

うま味だし

Bouillon d' "Umami"

えぐみを出さないように手早く漉す

　昆布とかつお節のみでとる、シンプルで定番の和風のだし。昆布のグルタミン酸とかつお節のイノシン酸が相乗効果を起こし、うま味が約8倍になります。

　ポイントは手早く漉すこと。沸騰するとかつお節から魚のえぐみが出てしまうので、沈んだらすぐに漉してください。

　かつお節と昆布は、必ず2回だしをとるのが基本。2番だしは、煮物などの料理に使ってください。だしをとり終わったあとの昆布は、刻んでほかの料理に使えます。

● **材料**（仕上がり700㎖）

昆布 ······················ 20g
かつお節 ················· 30g
水 ························· 1ℓ

1 昆布を水につける

鍋に水と昆布を入れ、30分程つけておく。

水につけておくことで、昆布のうま味が出やすくなります。

2 沸かす

1を火にかけて沸騰させる。

3 かつお節を加える

かつお節を入れて火を止める。自然に沈んでいくのを待つ。

4 漉す

かつお節が沈んだら、魚のえぐみが出ないうちに1番だしをすぐに漉す。かつお節を押しつけてしまうと渋みが出るので、押しつけない。

このあともう一度だしをとり（2番だし）、昆布は刻んでほかの料理に使えます。

第1章
アミューズのレシピ

遊び心も入れて
おもてなしの気持ちを表現する

　本格的な食事が始まる前のお楽しみの一皿、アミューズ。お店であれば、テーブルについて最初に出される料理です。食欲をそそる香りや綺麗な彩りで、これから始まるコースへの期待を高めるとともに、"ようこそ"という気持ちをお皿の上で表現します。

　ひと口で食べられるものや、軽いものが多いので、おうちに訪れたお客さんへのちょっとしたおもてなし、挨拶の一皿としてもおすすめです。本章では、お酒のおつまみとしてピッタリな「グジェール」、スプーンひと口で食べられる「魚介と野菜のタルタル」、彩りが綺麗な「野菜のテリーヌ」、バゲットに塗って手軽に食べられる「鶏レバーのペースト」の4品をご紹介しています。

　オーブンを使うもの、冷蔵庫で冷やすもの、材料を混ぜるだけのものなど、それぞれ調理の仕方は違いますが、どれもいたってシンプル。ご家庭で簡単にできて、なおかつ見た目にも華やかでおしゃれな雰囲気のものばかりです。家族に作るいつもの料理に一皿加えたり、お客さんへのちょっとしたおもてなしにも最適です。

グジェール

Gougères

食事の前の軽いおつまみに最適

　グジェールは、チーズ風味の小さなシューのこと。食事の前のアペリティフ（食前酒）に添えられる軽いおつまみです。

　さくっと軽い食感と、チーズの塩気が、おつまみにぴったりの味わいです。

　チーズをふって焼き上げたものは、冷凍保存ができます。冷凍庫に入れておけば、食前酒のおつまみとして重宝するので、多めに作るのもよいでしょう。食べるときに少しオーブンで温めると、作りたてのように美味しくいただけます。

小麦粉を糊状に練ることで、生地が膨らむ

　材料を合わせ、小麦粉が水分を吸ったら、火にかけながらしっかり混ぜます。お菓子のシュー・ア・ラ・クレームを作るときには、「鍋底に膜が張ったような状態になるまで混ぜる」と言い表しますが、グジェールも同じです。ここで小麦粉に十分に火を入れるとともに、コシのある生地を作り上げましょう。

　シュー生地は、卵を入れたあとの生地がかたくてもやわらかくても都合がよくないですが、今回ご紹介するレシピは卵を混ぜたあと、火にかけてかたさを調節する方法で作ります。とろみが出てきて、ゴムベラですくうと、生地にピンと角が立つようになれば、練り上がりの合図ですので、それを目安にしてください。

● 材料 (天板1枚分・20個分)

小麦粉	32 g
卵	45 g
A ┌ バター	22 g
├ 水	28 g
├ 牛乳	28 g
└ 塩	1 g
パルメザンチーズ	22 g
パルメザンチーズ (仕上げ用)	適量

● 下準備

・小麦粉はふるっておく。
・卵は室温に戻し、溶きほぐす。

1 火にかける

鍋にAを入れて火にかけ、完全に沸騰させる。

> バターが溶けた時点でおろしてしまいがちですが、中央部分がボコボコと沸くまでしっかり加熱します。

2 小麦粉を加える

火からおろし、鍋底にふきんを敷き、小麦粉を少しずつ加えながら、木ベラで混ぜる。

> 鍋が熱すぎると、小麦粉のダマが固まってしまうので、鍋底にふきんを敷いて熱をとりながら加えます。

3 粉っぽさをなくす

粉っぽさがなくなるまでしっかり混ぜる。小さな粒があれば、この時点でよく混ぜて潰しておく。

4 しっかりと加熱する

弱火にかけ、絶えず混ぜながら小麦粉にしっかりと火を入れる。鍋肌に薄く膜が張る程度になり、生地にツヤが出てきたら、火からおろす。

ここでしっかりと加熱することで、生地にコシが出ます。

5 火からおろす

火からおろしたところ。生地にツヤがあり、やわらかく粘りのある状態。

6 卵を混ぜる

鍋底にふきんを敷いて粗熱をとり、卵を少量加えて混ぜる。

生地が温かいほうが卵との馴染みがよいので、卵は粗熱がとれたら加えます。

7 生地をのばす

残りの卵を少しずつ加えながら、絶えず混ぜて生地をのばす。

8 チーズを混ぜる

パルメザンチーズを加え、混ぜ合わせる。

9 しっかり練る

生地がゆるければ弱火にかけて、絶えずゴムベラで混ぜ、とろみがつくまで練る。生地にピンと角が立つようになれば練り上がり。

! 温度が上がりすぎると卵黄が固まってしまいダマになるので、ときどき火からおろしながら混ぜます。すでにとろみがついているようであれば、この工程はとばして構いません。

10 絞り袋に入れる

絞り袋に9の生地を入れ、先端をハサミで切る。

> ポリ袋に生地を入れ、袋の角を切ったものを代用してもよいです。または、スプーン2本を使って丸く形作ってもOK。

11 絞る

オーブンシートを敷いた天板の上に、直径3cmほどに丸く絞る（1個7ｇ）。

12 水を吹きかける

表面にたっぷりと霧を吹く。

> 表面にパルメザンチーズを散らすので、チーズがくっつきやすいように、霧を吹いて湿らせます。

13 チーズを散らす

仕上げ用のパルメザンチーズを少量ずつ散らす。

> ! パルメザンチーズは生地に混ぜ込みますが、ここで表面にも散らすことがコツです。

14 オーブンで焼く

160℃のオーブンで30分程焼く。天板を取り出し、そのまま冷めるまでおく（写真は焼き上がりの状態）。

advice

チーズは中にも外にも

グジェールを美味しく仕上げるには、チーズをしっかりいかせているかどうかがポイントのひとつ。パルメザンチーズは生地に混ぜ込むだけでなく、焼くときに表面にも散らしましょう。こうすることで、生地に練り込んだチーズの風味に、表面や底のチーズの焦げた香ばしさが加わって、より美味しくなるのです。

野菜のテリーヌ

Terrine de légumes

野菜選びと詰め方が美しく仕上げるコツ

　使う野菜はどんなものでも構いません。そのときどきの季節の野菜を使ってください。ただし、葉が薄いものばかりを重ねると断面のおもしろみに欠けるので、ニンジンやアスパラガス、オクラ、ズッキーニなど形がしっかりあるものや、断面の形が特徴的なものも加えるとよいと思います。

　野菜の重ね方に決まりはありませんが、下の段と色が重ならないようにすると彩りよく仕上がります。また、同じ野菜はなるべくラインをそろえると綺麗です。ひとつの野菜を詰めたら平らになっているかを意識しながら重ねていくとよいでしょう。さらに、できるだけすき間を埋めるように野菜を詰めていくのも、美しく仕上げるコツです。野菜を詰め終わったら上から手でぎゅっと押して、野菜同士のすき間を埋めてください。

カラフルでおもてなしに最適

　一見手が込んでいて難しそうに思えますが、そんなことはありません。野菜の下ゆでさえ済ませば、あとは野菜を重ねてゼリー液で固めるだけです。ゆでた野菜は氷水でしめて色止めすると、より綺麗に仕上がります。野菜の色がカラフルで見栄えのする料理ですし、切り分ければ軽く食べられる一品ですので、ちょっとしたおもてなしに最適でしょう。

● 材料

（222×92×高さ58mmのパウンド型1本分）

グリーンアスパラガス ……… 4本
ニンジン ……… 1本（130g）
パプリカ（黄）… 1/2個（100g）
ベビーコーン（水煮）……… 10本
キャベツ ……… 100g
野菜だし（→ P.20）…… 300mℓ
粉ゼラチン ……… 18g
塩、白こしょう ……… 各適量

● 下準備

・ニンジン、パプリカ、キャベツを塩ゆでする。
・グリーンアスパラガスは根元の皮を薄くむき、塩ゆでする。
・ゆでた野菜は氷水で締めて色止めをする。

アミューズのレシピ

1 キャベツを切る

キャベツは軸を V 字に切り取る。葉はせん切り、軸は5mm幅に切る。

2 ニンジンを切る

ニンジンは1cm角の棒状に切る。

3 ほかの野菜を切る

グリーンアスパラガスは型の長さに合わせて根元を切る。切ったものもとっておく。パプリカは1cm幅のくし形切りにする。

4 ゼラチンを溶かす

鍋に野菜だしを入れて温め、ゼラチン を加え、泡立て器で混ぜて溶かす。

ゼラチンは沸騰させると固まらなくなるの で、溶けたら火を止めます。ふやかす必要 があるタイプの場合は、水でふやかしてか ら使いましょう。

5 塩、こしょうをふる

塩、こしょうで調味し、冷ましておく。

6 キャベツを敷く

ラップを大きめに切って型に敷き、キ ャベツを少し取り分けて、残りを底に 敷き詰める。

キャベツは最後に一番上にのせられるくら いの分量を分けておいてください。

7 すき間を埋める

ニンジンをすき間なく重ね、その上に ベビーコーンを重ねる。

8 アスパラを重ねる

グリーンアスパラガスを互い違いに並 べ入れる。

3で切り落とした根元もすき間に加えまし ょう。

9 パプリカを重ねる

パプリカを並べ入れる。

10 キャベツで覆う

6で取り分けておいたキャベツをのせ る。

11 押し込む

野菜同士のすき間がなるべくできない ように、手でぐっと押してくっつける。

12 ゼリー液を流す

5のゼリー液を表面が覆われるくらい まで流し入れる。

急いで固めたいときは、ゼリー液を氷水に 当てて、とろみがつくくらいまで冷やして から流し入れてください。

13 冷やす

型からはみ出したラップをかぶせ、冷蔵庫に半日入れて冷やし固める。

時間があるようであれば、前の晩から固めておくのがベストです。

14 型から出す

ラップごと型から出し、ラップを外す。

15 切り分ける

食べやすい大きさに切り、器に盛る。

温めた包丁で切ると、切りやすいです。

テリーヌは四角い型で固めたもの

テリーヌとは、本来、細かく切ったり、すり潰したりした肉類を長方形の型に詰めて、火を通した料理のことをいいます。素材を詰める型のこともテリーヌといい、型の名前が料理名にもなっている、フランスの伝統的な料理です。

このレシピでは肉を使っていませんが、このようにゼラチンで固めたものも、テリーヌと呼んでいます。シャキシャキ、パキッ、ぐにゃっといった野菜のいろいろな食感と、野菜それぞれの甘みや苦みをゼリー液がとりもってくれるので、口の中でそうした味わいを同時に楽しむことができます。

テリーヌ型を持っている人はなかなかいないと思いますが、家にあるものでいくらでも代用可能です。今回はパウンド型にラップを敷いて使っています。ペットボトルの一面を切って作ってもいいですし、もっと小さいものがよければ、お弁当箱も型代わりにできます。このレシピのように火を使わないものであれば、詰めて、冷やすことができる型なら何でもOKです。

魚介と野菜のタルタル

Tartare de thon et St-Jaques

慣れ親しんだ食材の新しい食べ方

タルタルとは、生の具材を小さく切って、オリーブオイルやレモン汁などのソースで食べるものです。

今回は野菜とマグロ、ホタテを小さくカットし、チーズドレッシング(→ P.40)と混ぜ合わせました。マグロといえば、寿司か刺身のイメージも強いかと思いますが、タルタルや、カルパッチョにするのもとても美味しく、レストランでもよく出るメニューのひとつです。

今回はチーズドレッシングを使っているので、チーズの風味がきいた仕上がりになっています。チーズが苦手なら、オリーブオイルと醤油、塩、こしょうを合わせたものでも代用できますから、慣れてきたら好みに合わせてアレンジしてみてもよいでしょう。

スプーンに盛りつけておしゃれにひと口

盛りつける器を少し工夫するだけで、いつもの食卓に変化が出て、見た目も華やかに楽しくなります。でも、わざわざ高い器を買ってくる必要はありません。

今回はスプーンを器代わりにして、ひと口サイズに盛りつけました。マグロ、ホタテ貝、キュウリ、ニンジン、玉ネギと、色とりどりの具材が小さなスプーンの中に収まっていて、それだけで綺麗でおしゃれな仕上がりになります。スプーンですくって形を整えるだけなので、とても簡単。そのままひと口で食べられます。お好みでバゲットにつけて食べるのもおすすめです。

● **材料**(10スプーン分・各20g)

マグロ	50g
ホタテ貝	2個(40g)
キュウリ	1/6本(25g)
ニンジン	1/6本(30g)
玉ネギ	1/10個(20g)
醤油	小さじ1弱
チーズドレッシング(→ P.40)	25g
バゲット	お好みの量

アミューズのレシピ

1 具材を切る

野菜とマグロ、ホタテ貝をそれぞれ5〜7mm角のさいの目にカットする。

すべて色の違う具材なので、盛りつけたときに綺麗に見えます。

2 アク抜きをする

カットした玉ネギを水にさらしてアク抜きをしたあと、水気をしっかり切る。

3 混ぜる

ボウルに材料をすべて入れ、混ぜ合わせる。スプーンでひと口分すくって形を整える。お好みで、トーストしたバゲットを添える。

鶏レバーのペースト

Pâté de foie de volaille

果物の酸味と甘みがレバーによく合う

なめらかな舌ざわりと、コクのある味わいで、レバー特有の臭みが少なくマイルドな味なので、レバーが苦手でも、これは好きという人も多いのではないでしょうか。トーストしたバゲットなどに塗って食べます。

レーズンを加えているのがポイントのひとつ。レバーのまったりとした濃厚さに、ときどきレーズンの酸味と甘みが加わり、食べ飽きない美味しさに仕立てました。

冷蔵庫で冷やし固めるととともに、味を馴染ませる

レバーは牛乳に浸して臭みを取ります。できれば前の晩からつけておくのがベストです。牛乳がピンク色になるのが、血が抜けた証拠。ただし、漬けすぎると臭みがレバーに戻ってしまうので注意してください。

作りたてはゆるく感じるかもしれませんが、冷蔵庫で冷やすとちょうどよいかたさになるので、心配ありません。冷やし固める時間は最低でも一晩。一晩たつと味が馴染んで、より美味しくなります。また、冷蔵で3日間程保存可能なので、多めに作っておくのもよいでしょう。残った分を冷蔵庫に入れるときは、ラップを表面に張りつけるようにぴったりと覆い、空気に触れないようにしましょう。

● **材料**（作りやすい分量）

鶏レバー	300g
ニンニク	1片
サラダ油	小さじ2
日本酒	大さじ2
ブランデー	大さじ1と小さじ1
生クリーム	70㎖
バター	50g
塩、白こしょう	各適量
レーズン	20g

● **下準備**

・鶏レバーは脂肪やスジなどを取り除く。
・バターはさいの目切りにし、室温に戻す。
・レーズンは水につけて戻す。

アミューズのレシピ

1 レバーの臭みをとる

ボウルにレバーを入れ、牛乳（分量外）をひたひたまで注ぎ、1時間程漬けて臭みをとる。

> 時間があれば、前の晩から漬けておきましょう。牛乳がピンク色になったら血が抜けた証拠。漬けすぎると臭みが戻ってしまうので注意してください。

2 水気をとる

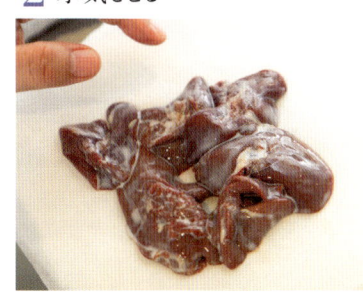

1の水気を切ってキッチンペーパーの上にとり、水気を拭きとる。

3 香りを出す

フライパンにサラダ油を熱し、ニンニクを入れて香りを出す。

4 鶏レバーを焼く

鶏レバーを加えて、中火で焼く。

5 塩、こしょうをふる

途中で軽く塩、こしょうをふる。

6 全体に火を入れる

弱火にし、全体に火が通るまで焼く。

レバーがぷりっとしてくるまで火を通してください。

7 日本酒とブランデーを加える

日本酒を加えたら、続けてブランデーを加える。

ブランデーによって、豊かな香りが加わります。ポートワイン（ポルト酒）やラム酒などでもOK。いずれもない場合は、日本酒だけでも構いません。

8 生クリームを加える

生クリームを加え、一度沸騰させてアルコールをとばす。

9 冷ます

バットに移して、粗熱をとる。

バットの下に木ベラをかませると、早く冷めます（下記コラム参照）。

粗熱のとり方

　粗熱をとるときは、バットを台の上に直に置くと、台に接触している部分は空気が通らないので、熱がこもってなかなか冷めません。そこで、バットの下に木ベラなどをかませます。そうすると、バットの底からも風が当たるので早く冷めます。

　この方法は温かいものを冷ますときに共通の工程ですので、覚えておくとよいでしょう。

10 フードプロセッサーに入れる

粗熱がとれたら、汁ごとフードプロセッサーに入れる。

粗熱がとれないうちにフードプロセッサーを回すと、蓋を押し上げて噴き出してしまうので危険です。

11 攪拌する

フードプロセッサーでペースト状になるまで攪拌する。

12 バターを加える

バターを加え、さらに攪拌してなめらかにする。

アミューズのレシピ

13 味をととのえる

塩、こしょうをふり、味をととのえる。

14 レーズンを加える

ボウルに移し、レーズンを加えて混ぜ合わせる。

! ここでレーズンを加えることが美味しさのポイントのひとつ。レバーのワイルドさがやわらいで味わいが優しくなります。

15 容器に詰める

ゴムベラで容器に詰める。

16 すりきる

パレットナイフで表面をすりきって平らにする。

パレットナイフですりきると見た目がよくなるだけでなく、食べるときにもバターナイフでこそげやすくなります。

17 冷やす

冷蔵庫で一晩冷やし、味を馴染ませる（写真は冷やしたもの）。

advice

レバーはフルーツと相性がよい

レバーは野性味のある味で、そのワイルドさがやわらぐと、ぐっと食べやすくなります。今回はレーズンを混ぜ合わせたことにより甘みが加わり、優しい味わいに仕上がりました。レバーはフルーツとの相性がよいので、レーズンとともにさいの目切りにしたリンゴを混ぜたり、ドライイチジクなどを添えて食べてもよいでしょう。

第2章
前菜のレシピ

ちょっとした工夫で
美しい一皿に仕上がる

　メインの料理の前に食べるのが前菜。アミューズよりはしっかりと、それでいてこのあとのメイン料理への食欲をそそる一皿です。メイン料理のつけ合わせとしても使えます。

　本章ではまず、前菜のサラダをはじめ、いろいろな料理に活用できる調味料の作り方を紹介しています。定番の「フレンチドレッシング」、ブルーチーズの風味がきいた「チーズドレッシング」、オリーブから作るフレンチ定番の調味料の「タプナード」、ご家庭でもお馴染みの「マヨネーズ」の4種類です。簡単で日持ちもするので、是非手作りしてみてください。

　前菜は、キノコや野菜をふんだんに使ったスープやサラダのレシピを紹介しています。メレンゲを浮かべた白一色の「ビシソワーズ」や、牛乳の泡が輪を描く「きのこのクリームスープ」は、見た目にも美しい仕上がり。「トマトとシーフードのゼリー寄せ」は、彩りが綺麗な本格的な一皿です。それでも、特別な器具や、難しい技は一切使っていません。ちょっとした工夫をしているだけで、そのやり方さえ覚えてしまえば難しくはないのです。丁寧に説明していますから、肩に力を入れず、挑戦してみましょう。

三國シェフの調味料

ご家庭で手作りできる4つの調味料の作り方をご紹介します。調理工程はどれも、材料を混ぜ合わせる、またはミキサーで攪拌するだけの簡単な作業です。自分でドレッシングを作り、冷蔵庫で保存しておけば他の料理にも応用ができ、アレンジの幅が広がりますよ。

フレンチドレッシング

シャバシャバした状態ではなく、きちんととろみをつけることがポイントです。サラダや温野菜によく合います。冷蔵で1週間程保存可能です。

● **材料**（作りやすい分量）
オリーブオイル …… 90ml
白ワインビネガー
　　　　　…… 大さじ2
粒マスタード … 大さじ1弱
塩、白こしょう …… 各適量

ボウルに粒マスタードと白ワインビネガーを入れて泡立て器で混ぜる。オリーブオイルをボウルの端から少しずつ加えて、乳化させるように混ぜ、とろみをつける。塩、こしょうで味をととのえたら完成。

チーズドレッシング

ブルーチーズの風味が特徴的なドレッシング。シーザーサラダや、パリッとした焼き物によく合います。冷蔵で3日間程保存可能です。

● **材料**（作りやすい分量）
ブルーチーズ ……… 40g
生クリーム
　　　…… 大さじ3と小さじ1
塩、白こしょう …… 各適量

ボウルにブルーチーズを入れ、スプーンですり潰すようにしながら、生クリームと混ぜ合わせて溶かす。このとき、ブルーチーズを完全に溶かしてしまわずに、少し残すようにするのがポイント。塩、こしょうで味をととのえれば完成。

タプナード

南フランスプロヴァンス地方発祥の、黒オリーブをベースとした調味料。酸味とコクが特徴で、いろいろな料理に添えられるので汎用性も高いです。

作り方はフードプロセッサーで材料を攪拌するだけ。ブツブツを残して食感を楽しんでもよし、トロトロの状態になるまで攪拌してもよし。どのくらい攪拌するかはお好みで変えてください。ぼくは食感を楽しめるくらいブツブツを残したものが好きです。

● 材料

（作りやすい分量・仕上がり200g）

黒オリーブ	100g
ケッパー	10g
セロリ	1/10本(5g)
ニンジン	1/10本(20g)
ニンニク	3g
アンチョビ	5g
オリーブオイル	大さじ5
塩	適量

● 下準備

黒オリーブの種は抜いておく。

advice

料理に添える

トーストや野菜に塗って食べるのが一般的。また、メイン料理に添えるのにも大活躍します。冷蔵で1週間程日持ちするので、いろいろな料理に添えてみましょう。本書では鯛のポシェ（→ P.96）のつけ合わせとして使っていますが、そのほかに魚のポワレや牛肉のステーキなどにも合います。

1 攪拌する

塩以外の材料をすべてフードプロセッサーに入れ、攪拌する。

2 好みの状態にする

ブツブツが残すか、トロトロにするか、好みの状態になるまで攪拌する。

3 塩を加える

味をみて、必要であれば塩をする。

塩分の多い材料を使っているので、塩は最初に入れずに、最後に味をみてから加えるようにしましょう。

マヨネーズ

卵から手作りでマヨネーズを作りましょう。卵黄とサラダ油と白ワインビネガーをひたすら攪拌して作ります。混ぜるだけなので、難しくはありません。

まずはじめに卵黄とマスタードを合わせてよく混ぜ、そこにサラダ油と白ワインビネガーを交互に加えながら混ぜ合わせます。**大切なのは、サラダ油を少量ずつ加えること**。一気に加えてしまうと、卵黄と混ざり合わずに分離してしまいます。**少しずつ、根気よく混ぜてください。**

冷蔵で1週間程保存可能です。

●材料（作りやすい分量）

卵黄	2個分
練りマスタード	大さじ1と小さじ1/3
サラダ油	300㎖
白ワインビネガー	大さじ1と小さじ1
塩、白こしょう	各適量

1 卵黄とマスタードを合わせる

ボウルに卵黄と練りマスタード、塩、こしょうを入れ、よく混ぜ合わせる。

2 サラダ油を少しずつ加える

サラダ油をボウルの端から糸のように少しずつ、数回に分けて加え、攪拌する。

!　一気に全体を混ぜると分離してしまうので、一部ずつ混ぜ合わせましょう。

3 白ワインビネガーを合わせる

途中、白ワインビネガーで濃度調節をしながら、すべてを合わせる。

4 味をととのえる

サラダ油と白ワインビネガーを合わせる工程を繰り返し、すべて合わせ終えたら塩、こしょうを加え、味をととのえる。

アボカド キムチマヨ サラダ

Salade d'avocat et "kimuchi"

具材を見せる盛りつけを意識して

　自作したマヨネーズを使って、サラダを作りましょう。マヨネーズとキムチがよく合い、アボカドやマグロ、エビが入った、満足感のあるサラダです。

　調理工程はシンプルで、切った具材とマヨネーズをスプーンでサッと混ぜ合わせるだけ。とても簡単です。

　色鮮やかな具材を使っているので、すべてが見えるように盛りつけると綺麗です。サラダは平面に盛ってしまいがちですが、高さを出すよう意識すると美しく仕上がります。

● **材料**（2人分）

マヨネーズ（→ P.42）	48g
キムチ	50g
アボカド	1/2個（80g）
レモン	1/4個
ブラックタイガー	2尾
マグロ（刺身用）	70g
ベビーリーフ	7g

1 具材を切る

アボカドは縦半分にし、1.5cm幅にカット。マグロは1.5〜2cmの角切り。ブラックタイガーは下ゆでし、殻をむく。

2 レモンを絞る

ボウルにアボカドを入れ、レモンを絞り、合わせる。

> レモンを絞ることで色止めの効果があります。

3 マヨネーズを加える

残りの具材をすべて入れ、マヨネーズを加える。

4 混ぜ合わせる

スプーンや箸でサッと混ぜ合わせる。全体にマヨネーズがからんだら皿に盛りつける。

キャロットラペ

Carottes râpées

フレンチの代表的なマリネサラダ

フレンチドレッシング（→ P.40）を手作りしたら、いろいろなお料理に応用してみましょう。

一番手軽なもののひとつがこのキャロットラペ。皆さんも馴染みがあるのではないでしょうか。ニンジンをせん切りにし、フレンチドレッシングと和えるだけの簡単なサラダです。スプーンや箸を使って、しっかり全体にフレンチドレッシングをからませましょう。

日持ちもするので、作りおきにも便利です。冷蔵庫で3日間程保存ができます。一度に多めに作っておいて、つけ合わせとして使えば、食卓にひとつ華が増えます。

お好みのアレンジで味を変えて楽しむ

今回のようにニンジンとフレンチドレッシングのみを和えるのがオーソドックスですが、味に変化をつけたければ、お好みでアレンジしましょう。ナッツやレーズン、またはタラコなどを加えてみても美味しいです。基本のものに混ぜ込むだけなので、手間も大きくは変わりません。

アレンジしやすいですから、いろいろなパターンを試してみてはいかがでしょうか。彩りも綺麗になって楽しいと思います。

● **材料**（作りやすい分量）

ニンジン ········ 1/2本（100g）
フレンチドレッシング（→ P.40）
···························· 30g

前菜のレシピ

1 ニンジンを切る

ニンジンの皮をむき、せん切りにする。

2 フレンチドレッシングと和える

ボウルに入れたニンジンにフレンチドレッシングを加え、和える。スプーンや箸を使い、全体にからむように混ぜ合わせる。

3 完成

フレンチドレッシングが全体にからんだら、皿や保存容器に盛りつけて完成。

お好みでナッツやレーズン、タラコを加えてもOK です。

アスパラガスのオランデーズソース

Asperges sauce hollandaise

卵黄とバターを乳化させて軽やかに仕上げる

　温かい料理を食べるときに用いるソースです。バターをたっぷり使って作りますが、脂が乳化しているのでしつこくなく、空気を含んでいて軽い味わいが特徴。温かいマヨネーズソースのようなイメージです。

　卵黄は温めると固まる性質があるので、まず水とレモン汁を温めたものを加えて凝固させ、そこにバターを加えて乳化させてとろみをつけます。バターを一気に入れると分離してしまうので、糸のように細くたらし入れるのがポイントです。油脂を少しずつ加えるのは、植物油で作るマヨネーズと同じ。ちなみに、マヨネーズは冷製の料理に合わせます。

● **材料**（2人分）

グリーンアスパラガス …… 4本
【オランデーズソース】
（作りやすい分量）

┌ 水 ………………… 50mℓ
│ レモン汁 …………… 小さじ2
│ 卵黄 ……………… 2個分
│ 澄ましバター
│ （→囲みコラム参照）… 135 g
└ 塩、白こしょう …… 各適量

● **下準備**

・アスパラガスは根元の皮を薄
　くむき、塩ゆでする。

1 水とレモン汁を沸かす

オランデーズソースを作る。鍋に水と
レモン汁を入れ、一度沸かして温め、
火からおろして粗熱をとる。

> レモン汁が凝固剤となり、つながりやすく
> なります。なければ酢でもOKです。

2 レモン汁入りの湯を加える

ボウルに卵黄を入れて溶きほぐし、1
を少しずつ加え、泡立て器で混ぜ合わ
せる。

3 澄ましバターを加える

澄ましバターを少しずつ加え、泡立て
器で混ぜ合わせ、とろみをつける。

> ！ 一気に澄ましバターを加えてしまうと
> 混ざり合わないので、必ず少しずつ加
> えてください。とろみがゆるい場合は、
> 弱火に当てて軽く温めながら混ぜると
> よいでしょう。

4 味をととのえる

レードルですくうと、とろとろと流れ
るように落ちれば、ちょうどよい濃度。
塩、こしょうで味をととのえる。

5 盛りつける

皿にオランデーズソースを流し、その
上にグリーンアスパラガスを盛りつけ
る。

advice

風味のよい
澄ましバターを使う

　澄ましバターは、バターから
水分やたんぱく質を除き、油脂
分だけにしたものです。焦げる
部分を取り除いているので、高
温で熱することが可能です。
　バターを湯せんで溶かし、上
澄みだけをすくい取って作りま
す。澄ましバターを使うと、オ
ランデーズソースが風味よく仕
上がるので、おすすめです。

乳化とは

　水と油は本来混ざり合い
ません。それが綺麗に混ざ
り合い、濃度がついて口当
たりがよくなった状態を、
乳化といいます。湯とバタ
ーだけでは混ざり合いませ
んが、そこに卵が加わり、
泡立て器などで混ぜ合わせ
ることによって、分離せず
に合わさったままになりま
す。このときの卵のような
役割を担う物質は乳化剤と
呼びます。

きのこのマリネ

Champignons marinés

室温で冷まして味を染み込ませる

　ハチミツの甘みとコクに、レモンの酸味をきかせ、さわやかな味わいに仕上げました。できたての温かいうちに食べても美味しいですが、冷蔵庫に一晩おくと味が染みて、より一層美味しくなります。そのとき、熱々のうちに冷蔵庫に入れると、それ以上味が入っていかないので、室温で冷ますのがコツです。徐々に冷めるうちに、じわじわと味が染み込みます。

　キノコは好みのものでよく、合わせて200g分を用意してください。パセリもレモンも食べられます。捨てるところなし、無駄なしで、家庭向けのレシピになったと思います。

●**材料**（2人分）

キノコ（合計200g 分）

┌ マッシュルーム ………… 6個
│ シメジ ………… 1/4パック
└ シイタケ …………… 2個

オリーブオイル
　　………… 大さじ1と1/2
ニンニク ………………… 1片
白ワイン…………………100mℓ
野菜だし（→ P.20）…… 200mℓ
ハチミツ ………… 大さじ1/2
レモン（輪切り）………… 2枚
赤唐辛子 ………………… 小1本
パセリ……………………… 1枝
塩、白こしょう……… 各適量

●**下準備**

・シメジは石づきを切り落としてほぐす。
・シイタケは石づきを切り落とす。

1 キノコを炒める

フライパンにオリーブオイルを熱し、ニンニクを入れて香りを出す。マッシュルーム、シメジ、シイタケの順に炒め、軽く塩、こしょうをふる。

> キノコの種類を変えた場合も、かたい順に加えましょう。

2 水分を加える

白ワイン、野菜だしを加える。

3 調味する

ハチミツ、レモン、赤唐辛子を加えて味つけをする。

> ハチミツを加えることで甘みとコクが生まれ、レモンの酸味でさわやかな味わいになります。

4 沸かす

沸騰させ、強火で5分程煮る。

5 火の通りを確かめる

マッシュルームに竹串を刺し、抵抗なくすっと通れば、すべてのキノコに火が通っている。

6 パセリを加える

火を消し、パセリをちぎって加える。

> パセリは仕上げに入れることで、緑色がいきます。

7 冷ます

バットに移して粗熱をとる。そのまま食べても、冷蔵庫で冷やしてもよい。

> 冷ますときは、バットの下に木ベラなどをはさみます。空気が通るので、早く冷めます（→ P.36コラム）。

前菜のレシピ

ビシソワーズ

Vichyssoise

メレンゲを浮かべて味と見た目のアクセントに

　ビシソワーズにメレンゲを浮かべるのは、ぼくのオリジナル。ビシソワーズに卵黄だけを使うので、卵白が余ってしまいます。だからといって捨てるのはもったいないですから、うまく利用する方法はないかと考えたわけです。これならば、卵1個を使いきることができ、無駄がありません。

　これは、フランスに昔からあるデザート「ウッフ・ア・ラ・ネージュ」からヒントを得ました。このデザートは、アングレーズソースにゆでたメレンゲをふわっと浮かべ、キャラメルソースをかけたものです。

　ここでは、メレンゲに塩味をきかせて、ビシソワーズに合うように仕立てています。しゅわしゅわっと口の中で溶けるメレンゲが、なめらかなビシソワーズのちょうどよいアクセントになっています。

漉さなくてもなめらかな舌ざわりの仕上がり

　作るときに気をつけてほしいのは、白いスープなので、玉ネギを炒めるときは甘みだけを引き出すようにし、決して焦がさないようにすることです。

　チキンだしを加えて煮るときに、汁がひたひたにあるのならば蓋をする必要はありません。もし、汁が少なくて玉ネギやジャガイモの頭が出ているようならば、紙蓋をかぶせて煮てください。

　特に注意してほしいのは、ミキサーにかけるときは、必ず人肌くらいまで冷ましてから回すこと。熱いものを入れてスイッチを押すと、ミキサーの蓋を押し上げて爆発し、吹きこぼれます。火傷の危険もあるので、十分気をつけてください。

　ミキサーで攪拌したあと、レストランでは漉してなめらかにします。けれど、今回は家庭向けのレシピなので、漉すことはあえてしませんでした。それでも舌ざわりよくとろとろの仕上がりで、十分美味しくいただけます。

　味つけは、少し塩味を強めにすると、ジャガイモの甘みが引き立ちます。白いポタージュなので、こしょうは白を使います。

前菜のレシピ

● **材料**（2人分）

ジャガイモ（メークイン）
　……………… 1個（150g）
玉ネギ………………… 1/4個
オリーブオイル
　………………… 大さじ1
塩、白こしょう……… 各適量
チキンだし（→ P.16）… 300mℓ
卵黄…………………… 1個分
生クリーム ………… 大さじ2
【メレンゲ】
┌ 卵白………………… 1個分
│ 塩………………………… 適量
│ 湯…………………… 500mℓ
│ 白ワインビネガー
└ ……………… 小さじ2強

● **下準備**

・ジャガイモは皮をむいて4mm厚さの輪切りにし、水にさらす。
・玉ネギは薄切りにする。

1 炒める

鍋にオリーブオイルを熱し、玉ネギをしんなりするまで炒める。ジャガイモの水気を切って加えて炒め、軽く塩、こしょうをふる。

❗ 白いスープなので、玉ネギは焦がさないように炒めてください。

2 煮る

チキンだしを加え、ジャガイモがやわらかくなるまで、5分程煮る。

3 ミキサーにかける

粗熱がとれたら、ミキサーに入れ、形がなくなるまで攪拌する（あいた鍋は洗わなくてよい）。

❗ 熱々をミキサーにかけると、蓋を押し上げて噴き出してしまうので、必ず粗熱がとれるまで冷ましましょう。

4 卵黄と生クリームを加える

卵黄と生クリームを加え、均一になるまでさらに攪拌する。

5 火を入れる

2の鍋に戻し入れ、火にかける。沸いたらすぐに火を止め、塩、こしょうで味をととのえる。

❗ 卵黄が入っているので、一度沸騰させて殺菌します。ただし、煮立てすぎると固まってボソッとしてしまいます。一度グラッと沸いたら火を止めましょう。

6 冷やす

ボウルに移し、氷水を入れたボウルに当て、冷やす。

7 メレンゲを作る

別のボウルに卵白と塩を入れ、泡立て器で泡立てる。

❗ 塩を入れることでビシソワーズに合うように仕立てます。

泡立て器をボウルの底に当てながら、力強く左右に動かす。

だんだんと泡がきめ細かくなり、ボリュームが出てくる。

泡立て器を持ち上げると、ピンと角が立つ程度まで泡立てる。

8 ゆでる

鍋に分量の湯を沸かし、白ワインビネガーを加える。鍋の中の湯はふつふつと静かに沸くくらいの状態にし、メレンゲをスプーンですくって落とし入れる。

> 酢を入れると卵白が固まりやすくなります。白ワインビネガーがなければ、穀物酢や米酢、レモン汁でも構いません。

9 固める

固まりはじめたらそっと返し、固まるまでゆでる。

10 水気をとる

キッチンペーパーの上にのせ、水気をとる。器に6を注ぎ、メレンゲを浮かべる。

advice

白一色の一皿に仕立てる

　クリーム色がかったポタージュに、真っ白なメレンゲを浮かべ、白い世界で仕上げます。ここに小口切りにした小ネギを浮かべてもよいのですが、今回はあえてなしにしました。
　こんなふうに白のトーンでととのえると、見た目も味もポタージュが主役の一皿になります。ですから、材料はくれぐれも焦がさないように。

きのこのクリームスープ

Cappuccino de champignons

オリジナリティあふれる盛りつけが魅力のポタージュ

　この料理の最大のポイントは、なんといっても独創的な盛りつけ。ポイントは、牛乳の泡を先に入れ、ポタージュはあとからそっと注ぎ入れることです。そうすると、自然と泡が広がってドーナツ状になります。先にポタージュを注いで泡を浮かべてもよいのですが、このほうが見た目におもしろいですし、ポタージュと泡がすくいやすいのもいいところです。

　だしは、普通はチキンだしを使いますが、このレシピでは昆布とかつお節からとるうま味だし。かすかに感じる和風の味わいは、このためです。

●材料（2人分）

マッシュルーム……9個（140g）
うま味だし（→P.21）…200㎖
生クリーム…………大さじ4
オリーブオイル………大さじ1
バター………………10g
塩、白こしょう………各適量
牛乳………………100㎖※
小ネギ………………少々
※牛乳は、泡が作りやすい最低分量。

●下準備

・マッシュルームは5㎜厚さに切る。
・小ネギは小口切りにする。

1 炒める

鍋にオリーブオイルとバターを熱し、マッシュルームを炒める。

炒め油に動物性脂肪のバターを併用することで、コクをつけられます。

2 煮る

うま味だしと生クリームを加えて沸かし、塩、こしょうをふる。キノコがしんなりするまで、弱火で5分程煮る。

3 ミキサーにかける

粗熱がとれたら、ミキサーに入れ、なめらかになるまで攪拌する（あいた鍋は洗わなくてよい）。

熱々をミキサーにかけると、蓋を押し上げて噴き出してしまうので、必ず粗熱がとれるまで冷ましましょう。

4 味をととのえる

2の鍋に戻し入れて温め、塩で味をととのえる。

5 牛乳の泡を作る

鍋に牛乳を入れて沸かし、60℃くらいまで冷ます。容器に移し、ミルクフォーマーで攪拌し、細かい泡を作る。

6 牛乳の泡を盛りつける

器に、牛乳の泡をスプーン山盛り2杯ずつのせる。

100㎖の牛乳で泡を作るとディナースプーンに山盛り8杯程できます。使うのは4杯分なので、余った分は別の用途に。

7 ポタージュを注ぐ

泡の中央に4を注ぎ入れると、自然と泡が広がる。中央に小ネギを散らす。

advice

牛乳は少し冷ましてから泡立てる

　牛乳は、60℃くらいが一番泡立ちがよい温度です。60℃の目安は、指を入れられるくらい。牛乳の温度が高すぎると泡が固まってしまうので、一度沸騰して殺菌したら、少しおいて冷ましましょう。

　また、容器は四角いほうが泡立ちやすいので、あるならば四角いものを使うとベストです。

オニオングラタンスープ

Soupe d'oignons gratinée

玉ネギは炒めるというより、焼きつけるイメージ

　最大のコツは玉ネギの炒め方。フライパンに玉ネギを広げたら、しばらくさわらずにそのまま強火で焼きつけます。焦げ色がついたら上下を返し、また広げて焼きつけます。これを焼き色がつくまでくり返します。ですから、炒めるというよりも強火で焼くイメージです。

　レストランでは、玉ネギがとろとろになるまで時間をかけて炒めますが、家庭でそこまでする必要はありません。玉ネギの形が残っているくらいのほうが食感を楽しめ、食べごたえもあり、それはレストランの味とは別の美味しさです。

●材料（2人分）

玉ネギ・・・・・・・・・・・・・1個（300g）
バター・・・・・・・・・・・・・・・・・・・12g
塩、白こしょう・・・・・・・・各適量
チキンだし（→ P.16）・・・400㎖
粉チーズ・・・・・・・・・・・・・・・・20g
バゲット（1㎝厚さ）・・・・・・・6枚

●下準備

・玉ネギは半分に切って薄切り
　にする。

1 強火で炒める

フライパンにバターを熱し、玉ネギを
全体に広げ、そのまま強火で焼きつけ
る。焼き色がついたら上下を返す。こ
れをくり返し、焼き色をつけていく。

焼き色がつくまではしばらくさわらないで
おきましょう。

2 混ぜながら炒める

全体に焼き色がついたら中火にし、軽
く塩、こしょうをふる。木ベラで混ぜ
ながら、さらに炒める。

3 焦げ目がつくまで炒める

全体が茶色く色づき、焦げ目がつくま
で炒める（2からここまでで、炒め時間
は10分程）。

玉ネギの形が残っているので、食感も楽し
めます。

4 沸騰させる

チキンだしを加え、沸騰させる。

5 調味する

粉チーズ10gを加え、塩、こしょうで
味をととのえる。

分量のうちの半量の粉チーズをスープに
入れ、コクをつけます。

6 器に入れる

天板に器を置き、5を注ぎ入れ、バゲ
ットをのせる。

7 オーブンで焼く

残りの粉チーズをかけ、250℃のオー
ブンで10分程焼く。

advice

高温で焼きあげる

　オニオングラタンスープで大
切なのは玉ネギの炒め方です
が、表面のチーズの焦げも美
味しさのひとつ。焼く前にチー
ズをたっぷりとかけましょう。
　低い温度では焼き色がつか
ないので、高温のオーブンに入
れ、香ばしい焦げ目をつけるの
がポイントです。

前菜のレシピ

ビスク

Bisque d'Akaebi

エビの美味しさがビスクの味を決める

シンプルな見た目ですが、この一皿に旨みがぎゅっと凝縮していて、口に含むとエビの風味が広がるポタージュです。赤エビのほかに、オマールエビやカニなど、さまざまな甲殻類で作ります。

このビスクの美味しさは、エビの旨みで決まるといっても過言ではありません。ですから、エビは新鮮なものを使ってください。ここでは生のエビを使いましたが、生である必要はなく、冷凍のもので構いません。もちろん、新鮮なものならば生がよいですが、鮮度が抜群によいものを手に入れるのはなかなか難しいものです。それならば、新鮮なうちに冷凍したもののほうがかえって鮮度がよいのです。

炒めて香ばしさを出し、煮込んで旨みをスープに移す

まずエビは頭と胴体に分け、胴体はビスクの具になるのでゆでておきます。エビの殻や頭からは驚くほどの旨みが出るので、その美味しさを引き出していきますが、まずはゆでたエビの殻と頭を香味野菜と一緒に炒め、エビの香ばしさを引き出します。鍋底にこびりついたものは、旨みのかたまりです。ですから、白ワインを加えたときに鍋底をかいて、こそげ取ることを忘れずに。

煮込んでスープに旨みを移したら、殻の上からレードルでギューギュー押さえながら漉して、余すところなく旨みを出し切りましょう。

●**材料**（2人分・仕上がり約300㎖）
赤エビ（有頭。殻つき）……6尾
ニンニク ……………………1片
オリーブオイル ………大さじ1
香味野菜
┌ 玉ネギ ……1/2個（100g）
│ ニンジン ………………90g
└ セロリ ……1/2本（30g）
トマト …………1個（170g）
トマトペースト ………大さじ1
ブランデー …………大さじ1
白ワイン …大さじ3と小さじ1
チキンだし（→ P.16）…500㎖
ごはん …………………15g
生クリーム
………大さじ3と小さじ1
バター …………………12g
塩、カイエンヌペッパー
………………………各適量

●**下準備**
・玉ネギ、トマトは1.5㎝の角切りにする。
・ニンジン、セロリは1㎝の角切りにする。

1 頭と胴体に分ける

赤エビは頭と胴体に分ける。

2 頭を割る

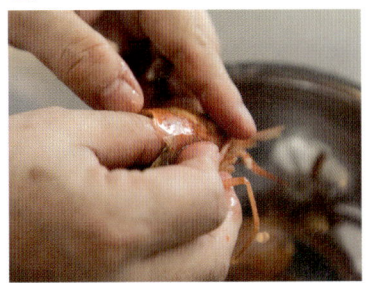

頭のつけ根のところに指を入れて半分に割る。

頭には旨みの素であるみそがたっぷり含まれているので、半分に割って出やすくしましょう。

3 胴体をゆでる

鍋に湯（分量外）を沸かして塩を加え、赤エビの胴体を殻つきのまま1分程ゆでる。

仕上げの段階でもエビに火が入るので、ここでは完全に火を通す必要はありません。火を通しすぎるとパサパサになってしまうので、サッとゆでたらすぐに引き上げましょう。

4 殻をむく

バットにとり、粗熱がとれたら殻をむく。

5 殻と頭を合わせる

むいた殻は、2と合わせておく。

6 エビを炒める

鍋にオリーブオイルを熱し、ニンニクを加えて香りを出す。5を加え、強火で炒める。

火加減が弱すぎると臭みが出やすいので注意してください。

7 鍋底の旨みをこそげる

炒め続けると、鍋底に旨みがこびりついてくる。香ばしい香りが立つまで、十分に炒める。

ただし、焦がすと苦みになってしまうので、火加減に気をつけてください。

8 香味野菜を加える

玉ネギ、ニンジン、セロリ、トマトを加える。

9 トマトペーストを加える

鍋底からしっかりかき混ぜながら、全体に馴染むまで炒める。トマトペーストを加え、よく炒める。

火加減は強火のまま、エビの香ばしさを引き出します。

10 香りをつける

ブランデーと白ワインを加え、鍋底のこびりつきをこそげるようにしっかり炒め、一度沸かしてアルコールを飛ばす。

ブランデーは香りづけ、白ワインは香りとコクをつけてエビの臭みを消す役割があります。

11 だしとごはんを加える

チキンだしとごはんを加え、混ぜる。

ごはんを加えることでとろみがつきます。

12 煮る

弱火～中火で、蓋はせずに25分程煮る。

13 アクを取る

途中浮いてきたアクを取る。

14 漉す

別の鍋にザルをのせ、そこに13をあけ、レードルで上から押して旨みを十分に押し出す。

残ったガラからは2番だしがとれるので、捨てずに利用するとよいでしょう（下記コラム参照）。

15 温める

14の鍋を火にかけて温める。

16 生クリーム、バターを加える

生クリーム、バターを加えて混ぜ、バターを溶かす。

17 仕上げる

塩、カイエンヌペッパーで味をととのえる。

18 エビの身を温める

4のエビの身を加えて温め、皿に盛る。

赤エビの身が見えるように盛りつけましょう。まず赤エビを皿にのせ、ポタージュをそっと注ぎます。皿が深くて赤エビが沈んでしまう場合は、赤エビを重ねて高さを出し、そこにポタージュを注ぐとよいです。

2番だしのとり方

1 煮出す

ガラを香味野菜ごと鍋に入れ、かぶるくらいまで水を加えて10分程煮出す。

2 漉す

ザルに上げて漉す。

旨みは1番だしほど強くはないが、これを冷凍しておくとエビラーメンやエビカレーなど、エビの風味をつけたいときに便利。

トマトとシーフードのゼリー寄せ

Gelée de tomates et fruits de mer

魚介のゆで汁をそのままゼリー液に活用する

　具を固めるゼリー液にだしは使わず、魚介のゆで汁をそのまま利用します。ですから、手間をかけずに作れます。

　魚介をゆでるときは、沸いたところに入れるのではなく、水から火にかけるのがコツです。冷たい状態からじわじわ火を入れることで、魚介の旨みが引き出されます。ゆで汁には塩を強めにふって味をつけます。ここで、具を固める塩ゼリーの素を作るというわけです。この液体が熱いうちにゼラチンを加えて溶かします。ゼリー液は、崩れにくいように少しかための配合にしています。

表面の泡は消してから冷やすのがコツ

　ゼリー液は、泡が立たないようにそっと注ぐのがポイントですが、それでも泡は立ってしまいます。この泡を消さずに冷やすと、泡の跡がついたまま固まってしまい、見た目に美しくありません。

　泡は、ガスバーナーで表面をサッとあぶると消えます。もしガスバーナーがなければ、スプーンですくい取ってください。または、キッチンペーパーで泡をそっとなでるようにして取り除く方法でもよいでしょう。

　セルクルがなければ、ペットボトルを切ったものを型にしても構いません。セルクルのように綺麗な円形にはなりませんが、かしこまらず、気楽に作りましょう。

● 材料（直径8cmのセルクル2個分）

ブラックタイガー	2尾
ゆでタコの足	50g
ベビーホタテ	6個
ミニトマト	6個
レモン汁	1/2個分（20mℓ）
バジルの葉	1と1/2枚
塩	3g
白こしょう	適量
粉ゼラチン	8g
魚介のゆで汁	200mℓ
ベビーリーフ	20g
フレンチドレッシング（→ P.40）	適量

前菜のレシピ

1 型の準備をする

セルクルの底部分をラップでぴっちりと覆い、バットに並べておく。

> ラップが底代わりなので、液体が流れ出ないように、ぴっちりと密着させます。

2 エビの背わたを取る

ブラックタイガーは殻をむいて尾を取り、背に切り目を入れて背わたを取る。

3 タコを切る

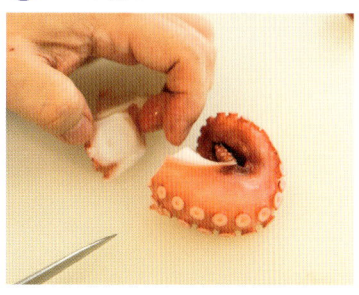

ゆでタコの足はひと口大に切る。

4 魚介をゆでる

鍋に水（250ml程）、ブラックタイガー、ベビーホタテ、レモン汁を入れて火にかけ、塩、こしょうをふる。

> ! 沸いた状態ではなく、水から火を入れるのがコツ。魚介をゆでながら、同時に旨みを抽出してだしをとります。ここにゼラチンを加えてゼリー液にするので、塩はやや多めにふり、塩味をきかせます。

5 タコを加える

沸騰する直前にタコを加える。

> タコは火を通しすぎるとかたくなるので、あとから加えてください。

6 香りをつける

続けてバジルの葉1枚も加え、沸騰したら火を止める。

7 具を冷ます

具を取り出してキッチンペーパーの上にのせ、水気をとって冷ます。

8 ゼリー液を作る

6のゆで汁から200mlを取り分けて鍋に入れる。ゼラチンを加え、泡立て器で混ぜて溶かし、粗熱をとる。

9 具を詰める

1のセルクルに、ブラックタイガー、ベビーホタテ、タコ、ミニトマトを詰める。バジルの葉1/2枚をせん切りにしてのせる。

10 ゼリー液を流し入れる

8のゼリー液を、泡が立たないように縁までそっと流し入れる。

> 早く固めたいときは、ゼリー液を氷水に当て、とろみがつくくらいまで冷やしてから注ぎ入れるとよいです。

11 泡を消す

ガスバーナーの火を表面に当て、泡を消す。

> ガスバーナーがなければ、スプーンでそっとすくうか、キッチンペーパーで取ってもOK。

12 冷やす

冷蔵庫で半日ほど冷やし固める（写真は冷やし固めたもの）。

13 添えるサラダを作る

ボウルにベビーリーフを入れ、フレンチドレッシングを加えて和え、皿に盛る。

14 型から外す

セルクルの縁にペティナイフをぐるりと一周入れる。

15 サラダの上に盛りつける

ラップを取り、13の皿の上に置き、セルクルを上に抜いて外す。

16 仕上げる

まわりにフレンチドレッシングをたらす。

> まわりにたらすだけで、**本格的な一皿の完成です。**

前菜のレシピ

advice

盛りつけのコツを実践!

　P.11で紹介した盛りつけのコツが分かりやすい一皿です。サラダを敷いてその上にメインとなるゼリー寄せをのせることで立体感が出ます。仕上げにフレンチドレッシングを皿の縁にたらすことで、野菜とシーフードの赤やオレンジ、緑に、黄色が加わって彩りがより綺麗になりました。白い器ならなおさら、素材の色がよく映えます。

グリンピースの軽い煮込み

Ragoût de petits pois

グリンピースは凍ったまま使うことで鮮やかに仕上がる

　グリンピースのプチプチ食感が楽しく、レタスのシャキシャキ感が心地いい。そんな一皿です。スープとして食べるのもいいですし、前菜やメイン料理のつけ合わせにも向きます。

　グリーンの色を鮮やかに仕上げるポイントは、グリンピースを凍ったまま入れること。冷凍のグリンピースは、凍っていることで色止めがされています。ですから、その状態のまま一気に火を入れると、色鮮やかに仕上がるのです。解凍すると退色してしまい、くすぶった色になってしまいます。

●材料（2人分）

グリンピース（冷凍）……… 100g
玉ネギ………… 1/4 個（60g）
ベーコン ……………… 35g
チキンだし（→ P.16）… 300㎖
バター……………………… 30g
レタス………… 2枚（120g）
塩、白こしょう……… 各適量

●下準備

・玉ネギは半分に切り、薄切り
　にする。
・ベーコンは細切りにする。
・レタスは3㎜幅のせん切りにす
　る。

1 ベーコンの脂を出す

フライパンを熱し、ベーコンを入れ、
弱火で炒めてベーコンの脂を出す。

> ベーコンから脂が出てくるので、油をひく
> 必要はありません。

2 玉ネギを加える

脂が出てきたら玉ネギを加えて炒める。

3 しんなりさせる

玉ネギがしんなりするまで炒める。

4 チキンだしを加えて沸かす

チキンだしを加えて沸騰させ、塩、こ
しょうをふる。

5 グリンピースを加える

沸騰しているところに、グリンピース
を凍ったまま加える。

> グリンピースは解凍すると色が落ちてしま
> うので、凍ったまま使いましょう。

6 バターを加える

バターを加えて溶かす。

7 レタスを加える

仕上げに、レタスを加えて火を止める。

> レタスを加えることで、シャキシャキとい
> う食感を楽しむことができます。

8 味をととのえる

サッと混ぜ、塩、こしょうで味をとと
のえる。

前菜のレシピ

温冷製のホウレン草のサラダ

Salade d'épinards

冷たいサラダと温かいサラダを合わせて一皿に

　冷たいサラダに温かいサラダをのせるので、その熱によって下のサラダにもほんのり火が通ります。ですから、生の野菜と加熱した野菜、そして半生の野菜を、この一皿で楽しむことができます。

　ホウレン草は、葉だけでなく根も綺麗に洗って使ってください。根は土から直接栄養をとるので、美味しい部分なのです。上にのせるハーブは、やわらかいところは生のままで、かたい茎はホウレン草の茎と一緒に炒めます。こうすれば、どちらも美味しく食べられます。

●材料（2人分）

サラダホウレン草	1袋(80g)
マッシュルーム	2個
ベーコン	40g
玉ネギ	1/10個(20g)
ニンニク	2g
バター	12g
醤油	小さじ1/2強
ミモレット	10g

【香草サラダ】
- ハーブ各種（イタリアンパセリ、クレソン、青じそなど）　…… 各適量
- オリーブオイル …… 小さじ2
- 醤油 …… 小さじ1/2強

●下準備

・ホウレン草は葉と茎に切り分ける。茎は、長さを半分に切る。
・マッシュルームは8mm幅に切る。
・ベーコンは1.5cm幅に切る。
・玉ネギ、ニンニクはみじん切りにする。
・ハーブはやわらかいところを摘み取り（茎はとっておく）、青じそは5mm幅に切り、合わせておく。
・ミモレットは薄く切る。

1 葉を盛る

皿にホウレン草の葉を盛っておく。

2 ベーコンの脂を出す

フライパンを熱し、ベーコンを入れ、弱火で炒めてベーコンの脂を出す。

> ベーコンから脂が出てくるので、油をひく必要はありません。

3 ニンニクの香りを出す

玉ネギ、ニンニクを加え、香りが立つまで炒める。

4 マッシュルームを加える

マッシュルームを加えて炒める。

5 ホウレン草の茎を加える

ホウレン草の茎（あればハーブの茎も）を加え、しんなりするまで炒める。

> かたいハーブの茎も、炒めることで一緒に食べることができます。

6 調味する

仕上げにバターと醤油を加え、炒め合わせる。

7 盛りつける

1の皿に6をのせる。合わせておいたハーブにオリーブオイルと醤油を加えてサッと和え、上にのせる。ミモレットをあしらう。

> 冷たいサラダに暖かいソースをかけるという古典的なフランス料理の技法です。

ラタトゥイユ

Ratatouille

野菜の旨みを引き出すのがポイント

　ラタトゥイユには水を入れませんが、トマトの水分だけでは、少し足りません。そこで、トマトジュースを加えて、水分を補います。水では味が薄まってしまいますが、トマトジュースならば、トマトの味がさらに濃くなり、美味しく仕上がります。

　煮込む前に塩とこしょうをふるのは、調味のためではなく、野菜の旨みを引き出すため。水分が少ないので、塩とこしょうをふることで、コトコトと煮込んでいるときに、野菜それぞれの旨みが出やすくなるのです。

●材料（2人分）

玉ネギ	1/2個（100g）
ズッキーニ	1本（120g）
ナス	1本（90g）
パプリカ（黄）	1/2個（90g）
トマト	1個（200g）
トマトジュース	200㎖
ニンニク	1片
オリーブオイル	大さじ2
塩、白こしょう	各適量

1 野菜を切る

ナス、ズッキーニは乱切りにする。玉ネギは薄切りにする。パプリカは1.5㎝幅のくし形切りにする。

2 トマトを切る

トマトは湯むきし、くし形切りにする。

3 香りを立たせる

鍋にオリーブオイルを熱し、ニンニクを入れて香りを出す。

4 野菜を炒める

玉ネギ、ズッキーニ、ナス、パプリカ、トマトの順に加え、そのつど炒める。

5 塩、こしょうをふる

塩、こしょうをふり、炒め合わせる。

ここで塩、こしょうをふって下味をつけるとともに、野菜の旨みも引き出します。

6 トマトジュースを加える

トマトジュースを加え、一度沸騰させる。蓋をして、弱火で30分程煮る。

！水ではなくトマトジュースを加えることで、水分を補いつつ味を濃くできます。

7 仕上げる

塩、こしょうで味をととのえ、粗熱をとる。

冷蔵庫で冷やしてから食べても美味しいです。

advice

野菜の切り方はお好みで

　野菜の切り方に決まりはありません。今回はおかずの一品になるお惣菜にしたかったので、大きめに切りました。

　もちろん、小さく切っても構いません。小さめに切れば早く煮えるので、時間短縮になります。また、パスタのソースなどにアレンジすることもできます。お好みの切り方で作ってください。

前菜のレシピ

第3章

オーブン料理のレシピ

時間と手間のかからない
本格的なオーブン料理

　この章では、オーブンを使った3品のレシピをご紹介しています。日本のご家庭でも定番の「鶏肉のグラタン」は、ベシャメルソースの作り方から。バターと小麦粉と牛乳を使って、白いソースを作ります。具とソースを用意したら、オーブンでの火入れ時間は10分程と手軽です。

　フランスの代表的な家庭料理といわれている「アッシェパルマンティエ」は、挽き肉とジャガイモがメインの一皿。コロッケの中身のような食感とよく評されます。子どもから大人まで好まれる味なので、ご家族で取り分けて食べるのもよいのではないでしょうか。こちらもオーブンでの火入れ時間は15分程と、短い時間で完成できます。

「キッシュ・ロレーヌ」は、おかずにするもよし、おやつに食べるもよし。切り分ければおもてなしにも最適です。調理工程は多く見え、難しそうに感じるかもしれませんが、丁寧に解説しているので、臆せず挑戦してみてください。オーブンでブリゼ生地を40分空焼きしたあとに、アパレイユを流し込んで20分程焼きますので、焼いている間に他の工程を進めるなど、効率よく動きましょう。

鶏肉のグラタン

Gratin de poulet

小麦粉と牛乳の温度差を少なくする

　ベシャメルソースは、ホワイトソースの名で知られる白いソースです。シチュー、グラタン、クリームコロッケなど、さまざまな料理に使いますが、濃度は、そのときどきの用途に応じて変えます。ここでは、とろみが軽くつく程度に仕上げましょう。冷めると、もう少し濃度がついて、とろりと流れ落ちるくらいの状態になります。

　小麦粉とバターの割合は、バターのほうがやや多めです。そのほうが美味しいし、炒めやすくて作業もしやすいからです。

　ベシャメルソースを作るときのポイントは、小麦粉をバターで十分に炒めて粉気をなくすこと。小麦粉がバターに馴染んでさらっとした状態になってくるまで炒めましょう。ただし、ここで焦がしてしまってはせっかくの白いソースが濁ってしまいますから、色づけないように気をつけて炒めてください。

　小麦粉が炒められたら、牛乳を加えますが、このふたつの温度をそろえること。これがベシャメルソースを美味しく作るための最大のポイントです。この温度差が大きいと、ダマができてしまいます。温めた牛乳を加えるのはそのためです。そうすれば、ダマのない、なめらかな舌ざわりのソースができます。

具の下ごしらえは食感がポイント

　玉ネギは具のひとつでもあるので、食感が残るように、やや厚めに切ります。

　鶏肉は皮面から入れてカリッと焼きあげましょう。グラタンに限らず、鶏肉の皮をカリッと焼くコツは、皮面に焼き色がつくまではさわらないことです。

さらりとしたソースに仕上げる

　具をすべて炒めたら、ベシャメルソースとゆでたマカロニを合わせ、牛乳でのばして濃度を調節します。軽くとろみがつき、木ベラですくうとさらさらと流れ落ちるくらいが目安です。とろみが足りないかなと思うかもしれませんが、このくらいがちょうど美味しい濃度です。パンにつけてもいいですし、ごはんにも合います。

　香ばしく焦げたところもグラタンの美味しさのひとつです。ソースにも具にも火が通っていますから、高温のオーブンで短時間焼いて、美味しそうな焼き色をつけてください。

● **材料**（容量500mℓのグラタン皿2枚分）

鶏もも肉	180g
マッシュルーム	4個
玉ネギ	1/2個(100g)
ニンニク	3g
白ワイン	大さじ1
牛乳	150mℓ
マカロニ (乾)	40g
ピザ用チーズ	30g
塩、白こしょう、ナツメグ	各適量
オリーブオイル	小さじ2

【ベシャメルソース】

バター	24g
小麦粉	18g
牛乳	200mℓ

● **下準備**

・鶏肉はひと口大に切る。
・マッシュルームは4つ割りにする。
・玉ネギは5mm厚さに切る。
・ニンニクはみじん切りにする。
・マカロニはかためにゆでておく。
・ベシャメルソース用の牛乳は温めておく。
・グラタン皿にバター（分量外）を塗っておく。

1 ベシャメルソースを作る

鍋にバターを溶かし、小麦粉を入れて、粉っぽさがなくなるまで炒める。

白いソースなので、焦がさないように気をつけて炒めましょう。

2 牛乳を加える

火からおろし、温めておいた牛乳を加えて混ぜ合わせる。

⚠ 温めた牛乳を使うのは、鍋の中の小麦粉と牛乳の温度差があるとダマになってしまうため。この温度差を少なくするのがコツです。

3 ベシャメルソースの完成

中火にかけ、軽くとろみがつくまで混ぜ合わせる。

冷めるともう少し濃度がつき、とろりと流れ落ちるくらいの状態になります。

4 鶏肉に下味をつける

鶏肉に塩、こしょうをふる。

鶏肉は身が白い肉なので、白こしょうをふります（→ P.10味つけのコツ）。

5 鶏肉を焼く

フライパンにオリーブオイルを熱し、鶏肉を皮のほうから並べ入れる。

6 裏返して焼く

皮目に焼き色がついたらひっくり返し、全体を焼く。

皮目をカリッと焼き上げたいので、焼き色がつくまではさわらずに焼きます。

7 玉ネギを炒める

肉を端に寄せ、玉ネギを加えて、しんなりするまで炒める。

8 マッシュルームを炒める

マッシュルームを加え、全体に炒め合わせる。

9 ニンニクを加える

ニンニクを加え、香りが立つまで炒める。

10 白ワインを加える

白ワインを加え、混ぜながら加熱して、アルコールをとばす。

11 ベシャメルソースを加える

アルコールがとんだら、3のベシャメルソースを加える。

12 マカロニを加える

マカロニを加え、全体に混ぜる。

13 牛乳でのばす

牛乳を加えてのばし、混ぜながらとろみがつくまで煮る。

木ベラですくうとさらさらと流れ落ちるくらいが目安です。

14 味をととのえる

塩、こしょうで味をととのえる。

15 ナツメグをふる

ナツメグをふって香りをつける。

16 オーブンで焼く

グラタン皿に15を入れ、チーズをのせる。250℃のオーブンで10分焼く。

ソースにも具にも火は入っているので、高温のオーブンで短時間焼いて焼き色をつけます。

オーブン料理のレシピ

アッシェパルマンティエ

Hachis parmentier

子どもから大人まで喜ぶ、フランスの家庭料理

　相性抜群のジャガイモとお肉のオーブン料理です。ポテトコロッケの中身のようにやわらかいジャガイモと、その下に敷き詰められたお肉を一緒に味わうことができます。子どもから大人まで喜ばれる味です。

　オーブンを使うというと、もしかしたら手間がかかる印象があるかもしれませんが、焼き時間はたったの15分。実は手軽なお料理なのです。フランスでも家庭料理としてよく親しまれています。スーパーなどでも必ずといっていいほど売っている、いわば国民食です。

素材の味を引き出すことを意識して

　この料理の最初のポイントは、ジャガイモの下ゆでです。余計な水分が入らないように皮つきでゆでること。茹でたあとは温かいうちのほうが皮をむきやすいです。しかしすぐにさわると熱くて火傷の危険がありますから、焦らず、人肌くらいの温度を目安にしましょう。

　次のポイントは玉ネギの炒め方。強火で、しっかりと炒めます。材料の中に液体が含まれないので、玉ネギの旨みを引き出すためには、しっかりと炒める必要があるのです。ひとつひとつの食材のよさを最大限に利用するよう心掛ければ、料理の腕前はグンとアップします。

●材料（900mlの耐熱皿一皿分）

ジャガイモ（メークイン）
　　　　　……………… 大2個（460g）
バター ………………………… 30g
卵黄 ………………………… 1個分
パセリ ……………… 1/2 枝（5g）
合挽き肉 ………………… 200g
ベーコン ………………… 80g
玉ネギ ……………… 1個（260g）
塩、白こしょう、ナツメグ
　　　　　……………………… 各適量
サラダ油 ……………… 大さじ1
バター（散らす用） ……… 6g
パン粉 ……………………… 15g

●下準備

・ジャガイモは皮つきのまま下ゆでする。
・ベーコンは7mm幅に切る。
・玉ネギは半分に切ってから薄切りにする。

1 ベーコンを炒める

フライパンにサラダ油を熱し、ベーコンを炒める。

ベーコンからも脂が出ますが、加える材料が多いのでサラダ油をひきましょう。

2 玉ネギを炒める

玉ネギを加え、強火で炒める。

写真のような色がつくくらいまで、しっかりと炒める。

！ 玉ネギの旨みを引き出すため、ここでしっかりと炒めることが重要です。

3 合挽き肉を炒める

合挽き肉を加え、肉を切るようにして
炒める。

4 塩、こしょうをふる

塩、こしょうで味つけする。香りづけ
にナツメグを加え、肉の臭みを消す。

5 器に敷く

耐熱皿に炒めた4を敷く。木ベラで押
しつけるようにして詰めて、形を整える。

6 ジャガイモの皮をむく

下ゆでしたジャガイモの皮をむく。温
かいうちのほうがむきやすい。

火傷に注意しましょう。人肌くらいの温度
を目安にするとよいです。

7 バターを加える

皮をむいたジャガイモをボウルに入れ、
温かいうちにバターを加える。

8 ジャガイモを押し潰す

7をマッシャーなどで押し潰す。

ジャガイモを潰しながら、バターと合わせ
ましょう。

9 卵黄を加える

卵黄を加えて、さらに押し潰す。

10 調味する

塩、こしょうで味をととのえる。

11 パセリを切る

パセリを粗みじん切りにする。

このような切り方をコンカッセといいます。

12 パセリを加える

10に11のパセリを加え、ヘラで切るようにサクッと合わせる。

不要なコシが出てしまうので、練り混ぜないように注意してください。

13 ジャガイモをのせる

木ベラで5の上に12をのせる。スプーンで表面を平らにならす。

14 パン粉を散らす

13の上にまんべんなくパン粉を散らす。

15 バターをのせる

散らす用の冷えたバターをちぎってのせる。

16 オーブンで焼く

200℃のオーブンで15分焼き、焼き色をつける。

10分焼き、天板の向きを変えてから残り5分焼くと、均一に火が入ります。

17 焼き上がり

焼き色がついたら焼き上がり。小皿に取り分けて食べる。

料理名の由来は実在の人物

アッシェパルマンティエという料理名、日本ではあまり聞きなれないかと思いますが、実在の人物が由来になっています。アントワーヌ＝オーギュスタン・パルマンティエという、18世紀フランスの農学者です。フランスをはじめヨーロッパで、ジャガイモの栽培をすすめ、食用として普及させるのに貢献しました。そのため、彼に敬意をはらい、ジャガイモを使った料理には“パルマンティエ”とつくものが多くあるのです。

“アッシェ”は、細かく刻むことを意味した言葉です。この場合は細かく切った肉ということで、挽き肉を指します。

キッシュ・ロレーヌ

Quiche lorraine

伝統的な、甘くないタルト料理

日本でも人気のキッシュ・ロレーヌ。フランスのアルザス・ロレーヌ地方で生まれた伝統的なタルト料理です。

タルト用の生地にはシュクレ生地とブリゼ生地という2種類があります。お菓子作りが趣味の人などは馴染みがあるでしょう。シュクレ生地には砂糖を使い、ブリゼ生地には使いません。キッシュ・ロレーヌは、砂糖を使わないブリゼ生地で作ります。今回はブリゼ生地に流し込む生地（アパレイユ）にはチーズとベーコンのみを加えていますが、玉ネギなどを加えてアレンジもできます。

ブリゼ生地のコツは空気を入れないこと

ブリゼ生地をしっかり焼き上げられれば、味はもちろん見た目も美しく仕上がります。まず生地をまとめていくときは、色が均一になり、耳たぶくらいのかたさになるまで手で混ぜ合わせます。そのあとはラップで包んで30分〜1時間程休ませてください。

休ませたら3㎜程の厚さにのばしてタルト型に敷きます。この際、生地が浮いてこないように型にピタッと押しつけることがポイントです。また底にフォークを刺して空気の逃げ穴を作ると、底が膨らんでくるのを防ぐことができます。

アパレイユを流す前に空焼きをして、アパレイユを流したときに生地が湿ってやわらかくなってしまうのを防ぎます。是非上手にブリゼ生地を作り、美味しいキッシュを完成させてください。

● **材料**（直径18㎝型1台分）

【ブリゼ生地】（作りやすい分量・2台分）※

- 強力粉 ・・・・・・・・・・・・・100g
- 薄力粉 ・・・・・・・・・・・・・100g
- バター ・・・・・・・・・・・・・100g
- 塩 ・・・・・・・・・・・・・・・・5g
- 卵 ・・・・・・・・・・・・・・・・1個
- 冷水 ・・・・・・・・・・・・・大さじ2

※余ったブリゼ生地は約1ヶ月冷凍保存できます。

【アパレイユ】（1台分）

- 卵 ・・・・・・・・・・・・2個（100g）
- 生クリーム ・・・・・・・・・160㎖
- 粉チーズ ・・・・・・・・・・・・30g
- 塩、白こしょう、ナツメグ
  ・・・・・・・・・・・・・・・各適量
- ベーコン ・・・・・・・・・・・150g

粉チーズ（表面に散らす用）
・・・・・・・・・・・・・・・・・25g

1 ベーコンを切る

ベーコンを1㎝幅に切る。

2 ベーコンを炒める

フライパンでベーコンをサッと炒める。ベーコンから出てくる脂だけで炒めるので油はひかない。

> ベーコンは生で使ってもよいですが、炒めると香りが出ます。オーブンでも火が入るのでここではサッと炒める程度で。お好みでカリカリに焼いてもOK。

3 冷ます

ベーコンをバットにあけ、冷ましておく。木ベラを敷いて空気の通り道を作る。

4 ブリゼ生地を作る

ボウルに強力粉と薄力粉と塩を入れて混ぜ合わせる。

5 バターを加える

中央にくぼみを作り、バターを加える。

6 バターと粉を混ぜる

バターを手の温度でやわらかくしながら、すり潰すようにして粉とバターをパラパラになるまで混ぜ合わせる。

! 最初から溶かしたバターを加えると、べちゃっとしてしまいます。空気を含ませながら合わせることによって仕上がりがサクサクになります。

7 卵を加える

パラパラの状態になったら、中央にくぼみを作り、卵と冷水を流し入れる。

すり鉢状にするといわれたら、中央にくぼみを作ったこの状態のことです。

8 混ぜる

混ぜ合わせる。手に粉をつけておくと、生地が手につかないので作業しやすい。

9 耳たぶのかたさが目安

色が均一になり、耳たぶくらいのかたさになるまで混ぜ合わせ、まとめる。

10 生地を休ませる

ラップに包み、冷蔵庫で30分〜1時間程休ませる。

11 生地をのばす

まな板に打ち粉（分量外）をして10の生地をすりこぎでのばす。

途中で裏返して生地に打ち粉をし、両面からのばします。

12 3mm厚さになるまでのばす

2〜3mmの厚さを目安に伸ばしていく。

13 すりこぎに巻きつける

のばした生地をすりこぎに巻きつけて型に移動させる。

14 型に敷く

13をタルト型に敷く。型の底、側面にピタッとくっつける。

生地の端を持ち上げながらやるとやりやすいです。

15 余分な生地を取り除く

すりこぎを型の上で転がして余分な生地を取り除く。

16 余った生地をまとめる

15で取り除いた生地をまとめておく。

まとめた生地は、約1ヶ月間冷凍保存が可能です。

17 フォークで穴を開ける

底にフォークを刺し、穴を開ける。空気の逃げ穴を作って生地が浮いてくるのを防ぐ。

このような作業を「ピケ」といいます。

18 角をよく押しつける

浮いてきやすい角は特に気をつけて、生地をグッと型に押しつける。

19 オーブンシートを敷く

生地の上にオーブンシートを広げる。

20 重石をのせる

オーブンシートの上に重石をのせる。

重石をのせないと、オーブンで焼いたときに底が浮いてきてしまいます。

21 空焼きする

170℃のオーブンで40分程空焼きをする。

22 卵黄を塗る

オーブンから取り出し、溶いた卵黄（分量外）をハケで塗る。

卵黄は水で薄めません。卵黄を塗ると焼き色がつきやすくなり、フォークで開けた底の穴を塞ぐこともできます。

23 乾燥させる

再度170℃のオーブンで1分空焼きし、乾燥させる。

24 ブリゼ生地完成

焼き上がり。ブリゼ生地が完成。

この時点では型からはまだ外しません。

25 アパレイユを作る

ボウルに卵を割り入れ、軽く溶いたら、生クリーム加えて混ぜ合わせる。

26 塩、こしょうをふる

塩、こしょうをふって味をつける。

このあと加えるベーコンの塩分も考慮して、塩の入れすぎには注意してください。

27 ナツメグを加える

ナツメグを加え、味をととのえる。

28 粉チーズを加える

アパレイユ用の粉チーズを加え、混ぜ合わせる。

29 ベーコンを加える

冷ましておいた3を28に加え合わせる。

30 アパレイユ完成

木ベラで混ぜ合わせたら、ブリゼ生地に流し込むアパレイユが完成。

お好みで玉ネギなどを加えてアレンジしてもOK。

31 ブリゼ生地に流し込む

天板の上で24のブリゼ生地に30のアパレイユを流し込む。

アパレイユを流してから天板に移すとこぼれやすいので、天板の上で行うのがよいでしょう。

32 チーズを散らす

表面に粉チーズを散らす。

33 オーブンで焼く

160℃のオーブンで20分焼く。手前と奥の向きを変え、さらに250℃で3分程焼き色をつける。

アパレイユがぎりぎりまで注がれているので、オーブンに入れる際はこぼさないよう気をつけてください。

34 焼き上がり

焼き上がったら型から外して完成。

側面のサクサク感と中身のやわらかい食感が楽しく、カットしたときの断面が食欲をそそる。おもてなしの一品としてもおすすめ。

第4章
魚料理のレシピ

素材のよさをいかす
それぞれの調理法がある

　いよいよメインの料理です。思いたったらいつでもできるように、サケやカレイ、アサリやイワシなど、一年を通してスーパーやデパートで手に入りやすい食材のみで作りました。メインの魚の調理法だけでなく、それぞれに合ったソースの作り方やつけ合わせも一緒にご紹介していますから、参考にしてください。

　ここで紹介している魚料理はどれも調理時間がとても短く、「ブイヤベース」でさえ、材料をすべて加えてからの煮込み時間はたったの6分。皆さんがご家庭で調理するのに、どこを面倒だと思うのか、どこが大変なのかを追究し、それを解決したレシピになっています。

　魚料理といっても、調理法はさまざま。「サーモンのポワレ」は、皮はカリカリに、身はジューシーにふっくらと焼き上げます。「舌平目のムニエル」は、小麦粉とバターを使って香ばしく焼き上げるのが特徴です。「鯛のポシェ」はたっぷりの液体の中でゆでてしっとりと仕上げ、ゆで汁はスープにもできます。これらはどれもフランス料理の定番です。レシピを通して、さまざまな調理法を覚えられるでしょう。

サーモンのポワレ

Saumon poêlé

皮はカリカリ、身はふっくら焼き上げる

　家庭料理でも定番であろうサケ。皮はカリカリに、身はジューシーにふっくらと焼き上げ、ケチャマヨソースとともに味わうサーモンステーキです。この料理のポイントはやはり、皮と身の焼き上げ方。身から焼くとパサパサになってしまうので、必ず皮面から焼いてください。皮面にはじっくり火を通しますが、身はサッと火を通すだけで大丈夫です。魚の切り身など、切り分けた素材をフライパンで焼くことを「ポワレ」といいます。

●材料（2人分）

サーモン ‥‥ 2 切れ（100g ×2）
塩、白こしょう ‥‥‥‥ 各適量
小麦粉 ‥‥‥‥‥‥‥‥ 適量
オリーブオイル ‥‥‥ 大さじ1
バター ‥‥‥‥‥‥‥‥‥ 20g

【ケチャマヨソース】

マヨネーズ ‥‥‥‥‥‥	120g
ケチャップ ‥‥‥‥‥‥	60g
アンチョビ ‥‥‥‥‥‥	2本
ケッパー ‥‥‥‥‥‥‥	8g
ピクルス ‥‥‥‥‥‥‥	20g
玉ネギ ‥‥‥‥ 1/10個（20g）
パセリ ‥‥‥‥‥‥‥‥	少々

●下準備

・アンチョビ、ケッパー、パセリ
　は粗みじん切りにする。
・玉ネギはみじん切りにする。
・ピクルスを3mmの小口切りにす
　る。

1 ケチャマヨソースを作る

ボウルにケチャマヨソースの材料をすべて入れ、ざっくりと3回混ぜる。それ以上は混ぜない。

> すべて混ざっていない、まだらな状態なのがオーロラソースの特徴。それぞれの具材の味を味わえます。

2 塩、こしょうをふる

サーモンの切り身に軽く塩、こしょうをふる。

3 小麦粉をまぶす

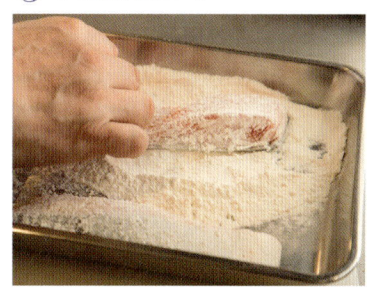

身と皮の両面に薄く小麦粉をまぶす。

> 小麦粉をまぶすことによって香ばしさが引き立ち、焼き色がつきやすくなります。

4 皮面から焼く

フライパンにオリーブオイルとバターを熱し、バターが泡立ってきたらサーモンを皮面から中火で焼く。

> 皮をカリカリにするように焼いていきます。

5 弱火にする

火が入ってきたら、弱火にして皮面をじっくりと焼く。

6 身を焼く

ひっくり返し、身の側面にサッと火を通し、ふっくらと焼き上げる。フライパンの中のバターをスプーンですくって身にかける。

> 身は火を入れすぎるとパサパサになってしまうので注意が必要です。バターをかけることで火が早く通ります（アロゼ→ P.153）。

7 焼き上がり

皮の反対側の身にもサッと火を通す。皿に1のソースを敷き、その上に焼きあがったサーモンを盛りつける。仕上げにフライパンに残ったバターをサーモンにかける。

魚料理のレシピ

91

舌平目のムニエル

Sole meunière

小麦粉を薄くまぶし、旨みを閉じ込める

粉屋という意味のフランス語「ムニエ」が語源の「ムニエル」という調理法。魚介類を中心とした素材に小麦粉をまぶし、フライパンで焼くことを意味します。バターを多めに使うことでバターの香ばしい香りと風味がつきます。

また、小麦粉を表面にまぶしているので、素材の旨みや香りが閉じ込められます。小麦粉をまぶすといっても、つけすぎには注意。つけすぎると、焦げの原因になります。ごく薄くで大丈夫なので、余分についてしまった場合は落としてください。表面はカリッと、中はやわらかくしっとり仕上げましょう。

焼くときは、あまり大きいフライパンは使わないようにしてください。周りのバターが焦げやすくなり、魚に臭いが移ってせっかくの風味が損なわれてしまいます。

舌平目にはブール・ノワゼットのソースが合う

舌平目が焼けたら、ブール・ノワゼットのソースをかけます。魚のムニエルにはよく登場するバターソースです。舌平目を焼いたフライパンで、バターをヘーゼルナッツのような色に色づくまで熱します。

つけ合わせは、グリンピースの軽い煮込み（→P.66）。先に用意しておき、ブール・ノワゼットのソースを作る前に盛りつけておきましょう。

● **材料**（2人分）

舌平目	2尾
塩、白しょう	各適量
小麦粉	適量
バター	20g
サラダ油	大さじ2

【ブール・ノワゼットのソース】

バター	35g
醤油	小さじ2強
レモン汁	小さじ2弱

【つけ合わせ】
　グリンピースの軽い煮込み
　　（→P.66）

● **下準備**

・グリンピースの軽い煮込み
　（→P.66）を用意しておく。

---

1 塩、こしょうをふる

舌平目に塩、こしょうをふる。白い皮は焼いたときに美味しいので、はがさずに残しておく。

2 小麦粉をまぶす

舌平目全体に小麦粉を薄くまぶす。つけすぎた部分は手で軽くはたいて落とす。

> ❗ 小麦粉をまぶすことで旨みと香りを閉じ込めます。つけすぎると焦げの原因になるので注意しましょう。

3 油を熱する

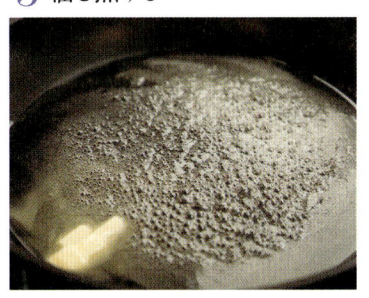

フライパンにバターとサラダ油を熱する。

4 皮面から焼く

バターが溶けたら、白い皮面から強火で焼く。

! 皮をカリッと、中をふっくらと理想の仕上がりにするには、必ず皮面から焼くことが大切です。

5 カリカリに焼く

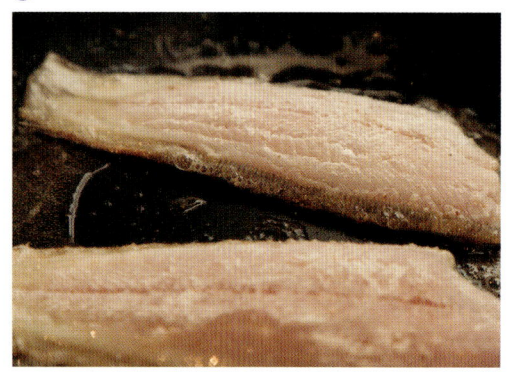

皮面に火が入り、カリカリになってくる。

皮面は身側よりも火を入れるのに時間がかかりますが、焦がさないよう気をつけてください。

6 中火にする

焼き色がついたら中火にしてひっくり返す。

7 身側を焼く

中火のまま身側にジワーッと火を入れる。

ひっくり返してからはさわらずに焼いてください。

8 盛りつける

つけ合わせのグリンピースの軽い煮込みを皿に敷き、焼き上がった舌平目をのせる。

空いたフライパンは洗わなくて OK。

9 ブール・ノワゼットのソースを作る

フライパンの余分な油を捨て、バターを熱して溶かす。

舌平目を焼いたフライパンを使うことで、焼いた旨みをいかすことができます。

10 泡立ってくる

バターが溶け出し、泡立ってくる。加熱を続ける。

11 色づいてくる

ヘーゼルナッツのような色、香りになってくる。泡も小さくなってくる。

12 醤油とレモン汁を加える

11の状態になったら醤油とレモン汁を加え、火を止める。

バター醤油などもあるように、バターと醤油は相性がよいので、仕上げに加えるのがおすすめです。

13 ソースをかける

ソースが完成したら、熱いまま舌平目にかける。

カリッと焼いた舌平目の香ばしさとバターの香ばしさがよく合います。

香ばしいブール・ノワゼットのソース

　ブール・ノワゼットとは、バターをヘーゼルナッツ色に色づくまで熱したソースのこと。バターに含まれるたんぱく質が、加熱されることによって色づき、香ばしくなる原理を利用したもので、肉などが加熱されたときに香ばしくなるのと同じ。ブールはフランス語でバター、ノワゼットはヘーゼルナッツのことです。香ばしさやコクを料理にプラスできます。

　日本では焦がしバターなどとも呼ばれていますが、本当に焦がしてしまわないように注意してください。ヘーゼルナッツのような香ばしい香りが立って色づいたら、レモン汁を加えて火を止め、それ以上色づきすぎるのを防ぎます。また、バターと相性のよい醤油を加えるのが

おすすめです。レモン汁とともに仕上げに加えましょう。完成したソースは熱いうちに使えるように、ほかの盛りつけは済ませておいたほうがよいでしょう。

鯛のポシェ

Daurade pochée

素材の旨みはそのまま簡単調理

　たっぷりの液体の中で穏やかに火を通し、やわらかくしっとりと仕上げましょう。

　これはゆっくりコトコトと素材をゆでる「ポシェ」という調理法で、タイ以外でも魚介や肉、野菜を問わず、特に繊細な食材に適しています。ゆで汁には素材の旨みが溶け出していますので、手を加えてスープやソースにすることも多いです。じっくりと火を通すかサッと仕上げるかは料理によって異なりますが、今回の加熱時間はたったの3～4分。あっという間に完成します。

●**材料**（2人分）

タイ ……… 2切れ（80g×2）
塩、白こしょう ……… 各適量
野菜だし（→P.20）…… 500㎖
白ワインビネガー …… 大さじ2
【ソース】
タプナード（→P.41）……100g

1 塩、こしょうをふる

タイの切り身に軽く塩、こしょうをふる。

2 ゆでる

鍋に野菜だしと白ワインビネガーを入れて火にかけ、皮面からタイを入れる。

盛りつけるときに表面になる方から火を入れるのが基本なので、皮面から入れましょう。

3 沸かす

殺菌のため、一度沸騰させる。

4 アクを取る

スプーンで簡単にアクを取る。

「アクも力なり」ですから、取りすぎません。

5 中火にする

沸いたら中火にして火を通す。タイを入れてから3〜4分を目安に、鍋からあげる。皿に盛りつけ、タプナードを添える。

魚料理のレシピ

ポシェしただしでパクチースープ

　ポシェのゆで汁は素材の旨みが溶け出しているので、アレンジしてスープにしましょう。

　ゆで汁にオリーブオイルを適量加え、パクチーを浮かべれば、簡単にパクチースープの完成。酸味のきいたすっきりとした味わいを楽しめます。

　このように、ちょっとした工夫で一品増やすことができるので、ゆで汁も捨てたらもったいないですよ。

アサリと野菜のナージュ

Palourdes et légumes à la nage

たっぷりの汁の中で魚介を泳がせる料理

　ナージュとは、フランス語で「泳ぐ」の意味。たっぷりの液体の中で、魚介類がまるで泳いでいるような盛りつけが特徴的です。今回はシンプルにアサリを使い、ゆで汁を生クリームでつないだ白い汁の中で泳がせています。軽く食べられるので、スープと魚料理の中間のような位置づけです。

　水に香味野菜とワインを加えて煮出しただし汁で魚介類や甲殻類をゆで、ゆで汁ごと提供する料理をア・ラ・ナージュと呼びます。ゆで汁は今回のように生クリームでつなぐことも多いですが、ない場合は使わなくてもできます。香味野菜は具としても食べるので、切るときはできるだけ丁寧に切っておくと、見た目も美しくなるでしょう。

　ゆで汁はとろみが少なくシャバシャバしています。これでいいのか悩むかもしれませんが、大丈夫です。海で泳いでいるイメージですから液体はゆるい状態でよいのです。香味野菜の風味のきいた、軽い口当たりになります。

身近なアサリをおしゃれなフレンチに

　アサリは春と秋が旬ですが、市場には一年中出回っているので、入手しやすく、ご家庭でもかなり身近な食材だと思います。日本人にとってはアサリといえばやはりみそ汁でしょうが、クラムチャウダーやパエリア、この本の中でも緑茶のブイヤベース（→ P.110）に登場するなど、さまざまなジャンルの料理に使える優秀な貝です。ご家庭での料理とは一味違った味わい方を楽しんでください。

　この料理ではアサリは殻つきで使います。殻つきのアサリを選ぶときは、足を出してよく動くもの、殻に膨らみがあり、横に長いものを選ぶのがおすすめです。

　この料理では材料を火にかけ沸かし、塩、こしょうをしてから漉しますが、塩、こしょうをする目安になるのが、アサリの口が開いたとき。だいたい３分くらいですが、火にかけすぎないよう、アサリの口に注目してください。

● **材料**（2人分）

アサリ・・・・・・・・・・・・・・・・・40粒
香味野菜
　┌ 玉ネギ ・・・・・・・ 1/2個（120g）
　│ ニンジン ・・・・・・・ 小1本（60g）
　│ セロリ ・・・・・・・・ 1/2本（45g）
　└ パセリ ・・・・・・・・・・・・・・・少々
レモン ・・・・・・・・・・・・・・・・・ 1個
白ワイン・・・・・・・・・・・・・・・100mℓ
野菜だし（→ P.20）・・・・・・150mℓ
生クリーム ・・・・・・・・・・・・・120mℓ
バター・・・・・・・・・・・・・・・・・・・36g
塩、白こしょう ・・・・・・・ 各適量

1 ニンジンを切る

ニンジンを5cm長さのせん切りにする。

香味野菜は具のひとつになるので、丁寧に切っておくと見た目がよくなります。

2 玉ネギを切る

玉ネギを薄切りにする。

3 セロリを切る

セロリを5cm長さのせん切りにする。

4 レモンを切る

レモンを輪切りにする。

5 アサリを敷く

フライパンにアサリを敷く。

6 香味野菜を重ねる

アサリの上に玉ネギ、ニンジン、セロリを重ねる。

次の工程で蒸すため、野菜はまんべんなく重ね入れてください。

7 蒸す

ちぎったパセリ、レモンを加えて、強火で蒸す。

蒸すように火を入れたほうが、だしが出やすくなります。

8 水分を加える

熱くなってきたら白ワイン、野菜だしを加える。

9 沸かす

蓋をして沸騰させ、3分程火を入れる。

10 塩、こしょうをふる

アサリの口が開いたら、塩、こしょうを加える。

11 漉す

ボウルにザルを重ねて漉し、具と汁を分ける。具は皿に盛る。

アサリも香味野菜もレモンも、余すところなく具として使えます。

12 煮汁を沸かす

煮汁をフライパンに戻して火にかけ、沸騰させる。

13 生クリームを加える

12に生クリームを加え、泡立て器で混ぜる。

ゆで汁を生クリームでつないでソースにします。

14 バターを加える

バターを加え、とろみをつける。

仕上がりはゆるいくらいでOK。軽い口当たりになります。

15 味をととのえる

塩、こしょうで味をととのえる。

16 器に盛る

11で盛りつけた具の上から15をたっぷりと注ぐ。

advice

魚介を追加する

今回はアサリと野菜を使いましたが、ナージュはゆで汁の中に魚介や甲殻類を泳がせる料理ですので、もちろん具はアサリに限定されません。

アサリと野菜だけだと、スープのようにさらっと食べられる軽い一品ですが、ホタテなどを加えてアレンジすると、食べごたえもアップし、また違った味わいになります。

カレイの軽い煮込み

Carrelet braisé

水蒸気でゆっくりと火を通す

しっとりとした仕上がりの、カレイの蒸し煮です。旨みが染み出した煮汁も一緒にいただきます。フライパンでカレイの表面を色づくまで焼き、玉ネギ、トマト、キノコ類とともに炒めてから、日本酒、うま味だしを加えて蒸し煮にします。日本酒を加えることで日本人好みの味にしました。

蒸し煮をする際のポイントは、カレイの半分がつかるくらいの液体の量であること。そして、蓋をして蒸気を逃がさないこと。そうすると、液体につかっている部分だけでなく、つかっていない部分にも蒸気によってゆっくりと火が入っていきます。そのため、全体がしっとりと仕上がります。

最強のうま味の組み合わせ

この料理の美味しさのポイントは、うま味の相乗効果が生まれているところ。カレイに含まれるイノシン酸、トマトに含まれるグルタミン酸、キノコ類に含まれるグアニル酸と、3つのうま味が合わさっているのです。

味が何倍にも膨れ上がる、いわば、最強のうま味の組み合わせです。キノコの中でも特にシイタケにはグアニル酸が多く含まれていますので、キノコの種類を選ぶときはなるべくシイタケは外さないようにしましょう。

● 材料（2人分）

カレイ	2尾
塩、白こしょう	各適量
小麦粉	適量
ニンニク	1片
オリーブオイル	小さじ2
玉ネギ	1/4個
シイタケ	2個
シメジ	1/2パック
マッシュルーム	4個
トマト	1個
日本酒	大さじ3と小さじ1
うま味だし（→ P.21）	180mℓ
バター	40g

● 下準備

- ニンニクは半分に切り皮をむく。
- 玉ネギは1cm幅の薄切りにする。
- シイタケ、シメジは石づきを取って半分に切る。
- トマトは4等分のくし形切りにする。

魚料理のレシピ

---

1 切り目を入れる

カレイの黒い皮面、白い皮面それぞれに包丁で切り目を入れる。尾を切り落とす。

> 切り目を入れることで、火が通りやすくなります。

2 下味をつける

黒い皮面、白い皮面それぞれに塩、こしょうをふって下味をつける。

3 小麦粉をまぶす

カレイ全体に小麦粉を均一にまぶす。

4 香りを出す

フライパンにオリーブオイルを熱し、ニンニクを入れて香りを出す。

5 カレイを焼く

カレイを黒い皮面から焼く。焼き面に色がつくまで火を通す。

表面を焼いておくことで、旨みを逃がさず、煮崩れ防止にもなります。

6 裏返して焼く

裏返し、白い皮面を焼く。

ここでは火を通すことが目的ではないので、焼き色がつく程度で OK。

7 炒める

 →

玉ネギ、キノコ類、トマトを加えて、一緒に炒める。

カレイ（イノシン酸）、キノコ類（グアニル酸）、トマト（グルタミン酸）が合わさり、うま味の相乗効果が起きます。

このあとの煮る工程でさらに火が入るので、この段階では軽く炒まる程度でよい。

8 日本酒を加える

日本酒を加えてアルコールをとばす。

日本酒を加えることで日本人好みの味になります。

9 うま味だしを加える

うま味だしを加え、一度沸騰させる。

10 塩、こしょうをふる

味をみて、塩、こしょうで味をつける。

仕上げにも塩、こしょうで味をととのえるので、ここで決める必要はありません。入れすぎに注意。

11 煮る

蓋をして、カレイに火が通るまで中火で3分程煮る。

> ⚠ 蓋をすることで蒸気を逃がしません。液体につかっていない部分にも蒸気によってゆっくりと火が入り、しっとりと仕上がります。

12 バターを加える

仕上げにバターを加えて火を止める。

13 味をととのえる

塩、こしょうをふって味をととのえる。皿にカレイを盛り、カレイの上から煮汁やトマト、キノコなどを盛りつける。

しっとりと火が入るブレゼ

　表面を焼いた素材に、かぶる程度の液体を加えて蓋をし、蒸し煮するこの調理法は、ブレゼといいます。今回はフライパンを使いましたが、オーブンを使う場合も多いです。

　蒸気によって全体にゆっくりと火が入るため、しっとりと仕上げたい料理などに適しています。一緒に入れた素材（今回はトマトやキノコ）やだしの味が染み込むのはもちろん、煮汁にも素材の旨みが染み出しているので、今回のように煮汁も一緒に提供することができます。

　この料理のようにやわらかい素材は短時間で仕上げますが、かたまり肉などは長時間ブレゼすることによってやわらかくなります。

ブイヤベース

Bouillabaisse à la maison

プロヴァンス地方の名物料理

　ブイヤベースは魚介類と香味野菜を使った、南フランスプロヴァンス地方の寄せ鍋料理です。具だけでなく、スープを美味しく仕上げることが必須。いろいろな種類の魚介を使うとスープに深みが出ます。また、魚介は新鮮なものを使いましょう。ブイヤベースに貝類は欠かせないので、アレンジするときも貝類は選ぶことをおすすめします。

煮込み時間6分でブイヤベースが作れる

　魚介類の旨みが凝縮した、コク深いブイヤベースです。ブイヤベースと聞くと、難しそう、家庭で作るには敷居が高い、と敬遠してしまうかもしれません。でも、実はそんなことはないのです。今回紹介するブイヤベースはとても簡単で、時間もかかりません。煮込み時間はなんとたったの6分。とても手軽で簡単です。

　調理時間が短くて済む鍵となっているのは、トマトペースト。トマトペーストは調理済み（凝縮されている）なので、トマトのホール缶を使うよりも水っぽくならず、仕上がりが早くなるのです。

　フレンチ全般にいえることですが、難しそうだな、という先入観で遠ざけてしまうともったいないです。是非、どんどんチャレンジしてみてください。お客さんにおもてなしでこのブイヤベースを出したら、驚いてもらえるかもしれません。

●**材料**（2人分）

玉ネギ………… 1/2 個（140g）
ムール貝 ………………… 6個
ブラックタイガー ………… 2尾
イカ …………………… 1杯（120g）
タコの足 ……………… 1本（48g）
オリーブオイル……… 大さじ2
香味野菜
┌ 玉ネギ …………………… 10g
│ しょうが ………………… 5g
└ ニンニク ………………… 5g
トマトペースト ………… 10g
サフラン ………… ひとつまみ
白ワイン…… 大さじ2と小さじ2
野菜だし（→ P.20）…… 200㎖
水 ………………………… 200㎖
塩、白こしょう ……… 各適量
オリーブオイル（仕上げ用）
……………………………… 適量
【ガーリックトースト】
┌ バゲット ………………… 4枚
│ ニンニク ………………… 適量
└ バター …………………… 12g

●下準備
・玉ネギ（1/2個）を8mmの輪切りにする。
・ブラックタイガーは殻つきのまま背わたを取る。
・香味野菜の玉ネギ、しょうが、ニンニクをそれぞれみじん切りにする。

1 イカを切る

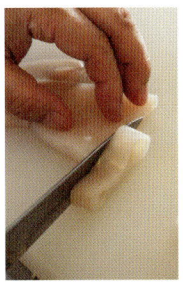

イカを1.5cm幅に切る。足は縦に切る。

2 タコを切る

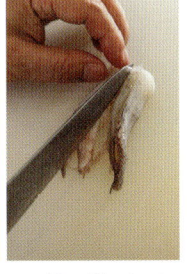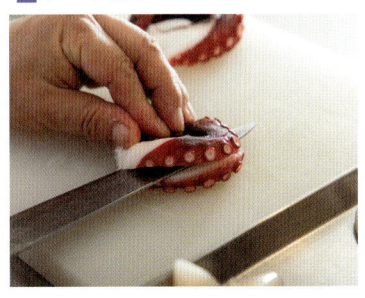

タコの足を縦半分に切る。

タコは歯ごたえがあるので、食感のアクセントになります。スペインのパエリアや南フランスの料理にはよくタコが使われます。

3 香味野菜を炒める

鍋にオリーブオイルを熱し、香味野菜の玉ネギ、しょうが、ニンニクを炒める。

4 トマトペーストを加える

香りが立ったら、トマトペーストを加えて中火で炒める。

> ❗ トマトペーストを使うことが調理時間短縮の鍵。ホール缶を使うよりも水っぽくなりません。ホール缶を使う場合は煮込み時間を延ばしましょう。

5 水分を加える

サフラン、白ワイン、野菜だし、水を加える。

> サフランは色づけと香りづけの役割があります。

6 塩、こしょうをふる

塩、こしょうをふって味をつける。

7 沸かす

具を入れる前に一度沸騰させる。

8 具を加える

アクは取らずに、玉ネギ、ムール貝、ブラックタイガー、イカの順に具を加える。

9 タコを加えて沸かす

タコを加えたら、再度沸騰させる。

> タコは臭みが出やすいので、一番最後に加えましょう。沸騰させることで殺菌の効果があります。

10 6分煮る

中火にし、蓋をして6分煮る。

11 煮上がり

塩、こしょうで味をととのえ、オリーブオイル（適量）を回しかける。

ガーリックトーストの作り方

1 バゲットをスライスする

煮ている間にガーリックトーストを作る。バゲットを4枚スライスする。

> ガーリックトーストはブイヤベースのスープを染み込ませて食べるのがおすすめです。

2 ニンニクを擦りつける

バケットの両面にニンニクを擦りつける。

3 トースターで焼く

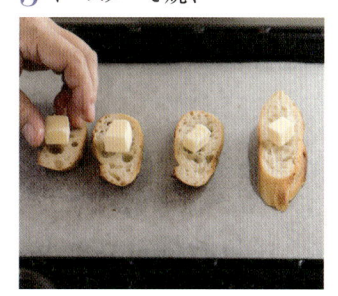

バターをのせ、トースターで焼き色がつくまで焼く。200℃で5分程。

advice

煮込み時間や油の量は調節して

　今回は、具材を入れて沸騰させ、中火にしてから6分間煮込んで完成させましたが、時間があるようであれば、煮込み時間を延ばしてみてください。よりコクが出て、深みが増した仕上がりになります。

　最後にオリーブオイルを適量回しかけますが、カロリーが気になる人はこの量を調整すればよいでしょう。

　また、今回使った魚介類でなくてはいけないということではないので、お好みのもの、安く売っていたものを使って、気軽に作ってみてください。逆に、クルマエビなどを加えると一気に豪華になりますから、こちらも特別な日などに試してみてはいかがでしょうか。

緑茶のブイヤベース

Bouillabaisse au thé vert

緑茶アイオリソースで変化球アレンジ

魚介の旨みたっぷりのブイヤベースに、緑茶アイオリソースを加えたアレンジブイヤベースです。具も汁も楽しめるのがブイヤベースの醍醐味ですが、そこに見た目の楽しさも加わります。

煮込み時間はたったの5分で、仕上げに緑茶アイオリソースを溶き混ぜます。基本のブイヤベースもとても簡単ですが、アレンジを加えても所要時間はほとんど変わりません。

やはりこの料理のポイントは、緑茶アイオリソースを溶き混ぜるところ。なぜアイオリソースに粉茶を加えるのかというと、抹茶と同じ原理です。抹茶は湯で溶きますよね。それだけで美味しい。それと同じで、粉茶を使った緑茶アイオリソースを溶き混ぜれば、それだけでブイヤベースに変化球の味を生み出せるのです。野球でいうナックルボール級の変化球です。また、マヨネーズは一般的なアイオリソースにはあまり使われませんが、いい味を出すのでおすすめです。

エビは殻つきのまま使う

ブラックタイガーは殻つきのまま使うのがポイント。殻からだしが出るため、ブイヤベースなど、だしを美味しくしたい料理には殻つきのほうがよいのです。

また、ブイヤベースに欠かせない貝類は、今回はアサリ。ほかに、シジミなどもおすすめです。

●材料（2人分）

タラ	2切れ（120g×2）
塩、白こしょう	各適量
小麦粉	適量
ブラックタイガー	4尾
アサリ	240g
小松菜	1株
ニンニク	2g
白ワイン	大さじ4
水	480㎖
オリーブオイル	大さじ2

【緑茶アイオリソース】

マヨネーズ	40g
みそ	6g
粉茶	6g
ニンニク	1g

●下準備

・ブラックタイガーは殻つきのまま背わたを取る。
・ブイヤベース用と緑茶アイオリソース用のニンニクをそれぞれみじん切りにする。

魚料理のレシピ

---

1 緑茶アイオリソースを作る

ボウルにマヨネーズ、みそ、ニンニクを入れて混ぜる。

2 粉茶を加える

粉茶を加えて混ぜ合わせ、冷蔵庫で冷やしておく。

粉茶の代わりに抹茶を加えてもOKです。

3 小松菜を分ける

小松菜を葉、茎、根に切り分ける。葉は1cm幅、茎は4cm長さに。根はかたいのでせん切りにする。

4 下味をつける

ひと口大に切ったタラに軽く塩、こしょうをふって下味をつける。

5 小麦粉をまぶす

タラに小麦粉をまぶす。

焼いたときに焼き色がつきやすくなり、香ばしさが引き立ちます。つけすぎには注意。

6 タラを焼く

鍋にオリーブオイルを熱し、タラを皮面から焼いて焼き色をつける。

7 身側を焼く

焼き色がついたら身側も焼く。

タラを焼くことで香ばしくなります。

8 具を加える

身側にも焼き色がついたらブラックタイガー、アサリ、ニンニクを加える。

ブラックタイガーは殻からだしが出るので、殻つきで使います。

9 白ワインを加える

白ワインを加えて熱し、アルコールをとばす。

10 水を加える

白ワインのアルコールがとんだら、水を加える。

11 塩、こしょうをふる

塩、こしょうをふって味つけする。

12 沸かす

一度沸騰させる。

沸騰させると、殺菌作用があるので魚貝の臭みなども消えます。

13 煮込む

沸騰したら中火にして、2分程煮込む。アクが出てくるが、この時点では取らなくてよい。

14 アクを取る

貝の口が開いたらアクを取る。

15 小松菜を加える

小松菜を加えてさらに3分程煮込む。

16 アイオリソースを加える

小松菜の根に火が入ったら、火は止めずに2の緑茶アイオリソースを溶き入れる。

17 煮終わり

アイオリソースを溶き入れたら火を止め、完成。

魚料理のレシピ

アイオリソースとは

　卵黄とオリーブオイル、ニンニクを混ぜ合わせて作る、フランスのプロヴァンス地方のソースです。マヨネーズ（→ P.42）のように、卵黄に少しずつ油を加え、混ぜ続けて乳化させます。魚のスープ、魚料理、冷製の肉料理などに合います。

　緑茶アイオリソースはこのソースに粉茶を加えたアレンジですが、卵黄と油を混ぜ合わせるのではなく、マヨネーズを使いました。

イワシのエスカベッシュ

Escabèche de sardines

酸味と野菜の甘みをイワシに染み込ませて

　エスカベッシュとは、小魚または魚の上身を切ったものを揚げ、酢をきかせた漬け汁に漬け込んだ冷製のマリネ料理です。今回はイワシを使い、揚げるのではなくフライパンで焼いたものを漬けました。酢の酸味が野菜の甘みと混ざり、イワシに染み込んでいます。

　一番のポイントは、野菜の炒め方。しんなりするまで、よく炒めてください。野菜は炒めると甘みが出ます。野菜の甘みが汁に移り、白ワインビネガー（酢）の酸味と調和します。

　漬け汁ができたらイワシを戻し、よく馴染ませます。火からおろしたら急激に冷やすのではなく、常温でおいて熱を冷ましながら、ゆっくり味を染み込ませてください。熱がとれたら冷蔵庫に入れて大丈夫です。時間があるようであれば1日冷やしておくと、身がよく引き締まります。冷やしてから食べるのがスタンダードですが、熱々のまま食べるのもまた美味しいです。冷やしたときよりも身がやわらかくふっくらした状態で食べられます。お好みの食べ方でどうぞ。

イワシは強めに焼く

　漬ける前にイワシを香ばしく焼きますが、このときに焼き色を強めにつけるのがポイントです。焼き色は旨みになりますが、漬け汁に漬けたときに落ちてしまいます。ですので、気持ち強めに焼き色をつけることを意識して焼いてみてください。

● 材料（2人分）

イワシ	3尾
塩、白こしょう	各適量
小麦粉	適量
オリーブオイル	大さじ1

香味野菜
┌ 玉ネギ	75g
│ ニンジン	30g
└ セロリ	30g
ニンニク	1片

【漬け汁】
┌ 白ワインビネガー	70㎖
│ 水	40㎖
│ グラニュー糖	15g
│ しょうが	4g
│ 塩	5g
│ ローリエ	1枚
│ 赤唐辛子	1本
└ オリーブオイル	大さじ5

● 下準備

- イワシは調理の直前に3枚におろす。
- 玉ネギは薄切りにする。
- ニンジンとセロリはせん切りにする。
- ニンニクは半分に切る。
- しょうがはすりおろす。

魚料理のレシピ

1 塩、こしょうをふる

3枚におろしたイワシに軽く塩、こしょうをふる。

2 小麦粉をまぶす

イワシの両面に小麦粉をまぶす。

3 余分な粉は落とす

小麦粉が厚くついてしまわないように、余分についたものはふるって落とす。

> 小麦粉をつけすぎると焦げの原因になります。

4 皮面から焼く

フライパンにオリーブオイルを熱し、
イワシを皮面から強火で焼く。

> ! 焼き色がついて固まってくるまでは、
> あまりさわらないようにすると、皮がは
> がれにくくなります。焼き色が旨みに
> 繋がるので、香ばしく焼きましょう。

5 身側を焼く

焼き色がついたら裏返し、反対側も焼く。

焼き色が強めにつくように、しっかり焼く。

> 漬け汁に入れたときに焼き色が落ちてしまうので、少し強め
> に焼くよう意識します。

6 バットにあける

火が通ったらバットにあける。フライ
パンは洗わないでおく。

7 香りを出す

5のフライパンにニンニクを入れ、香
りを出す。

8 香味野菜を炒める

玉ネギ、ニンジン、セロリを加え、炒
める。

9 しんなりさせる

野菜がしんなりするまでよく炒める。

> ⚠️ 野菜の甘みを引き出すようにしっかりと炒めます。漬け汁に野菜の甘みを移し、酸味と調和させるための重要なポイントです。

魚料理のレシピ

10 漬け汁の材料を加える

白ワインビネガー、水、グラニュー糖、しょうが、塩、ローリエ、赤唐辛子、オリーブオイルを加える。

11 沸かす

すべての材料を加えたら、殺菌のため一度沸騰させる。

> 一度沸騰させてから火を弱めて温度を下げる（60℃くらい）ことで、浸透圧で素材に味が入りやすくなり、調理時間も短く済みます。

12 イワシを戻す

沸騰したら火を弱めてから、6のイワシを戻し入れ、味を馴染ませるように煮る。

> 野菜の甘みと酢の酸味が合わさった漬け汁をイワシと馴染ませましょう。

13 冷ます

火から外したら冷めるまで常温において、味を染み込ませる。冷蔵庫で冷やすか、そのまま食べる。

> 一日冷蔵庫で冷やしておくと、身がかたく引き締まります。お好みで熱々のまま食べても。

エスカベッシュに合う魚

今回はイワシを使いましたが、エスカベッシュに適している魚はほかにもいろいろあります。お好きな魚に変えてアレンジしてみれば、また違った味を楽しめます。例えば、アジやサーモン、ヒラメなどでも大丈夫。ただ、できるだけ小さい魚のほうがよいです。冷やしたときに身がかたく締まりますから。熱々のまま食べるのならよいですが、エスカベッシュは冷やして食べるのがスタンダード。冷やしたほうが好きな人は、アレンジする場合は小さい魚を選んでみてください。

第5章
肉料理のレシピ

肉料理は食事の主役
レシピのバリエーションも豊富

　メインの肉料理。「牛肉の赤ワイン煮」、「豚ロースのソテー」、「鶏肉のフリカッセ」など、バリエーション豊かな肉料理の数々を紹介しています。肉を縛ったりするような特別な工程はなくし、ご家庭で調理しやすい方法を考えながら作りました。

　また、魚料理と同様に、肉料理にもレシピによってそれぞれの肉の焼き方があります。巻頭の「素材別 焼き方のコツ」でも紹介していますので、参考にしてください。きっとこれまでよりワンランクアップした仕上がりになると思います。

　家庭料理の定番中の定番である「ハンバーグ」は、焼いたあとに煮込み、つけ合わせにはニンジンのグラッセやジャガイモ、サヤインゲンを添えた、本格的な仕上がりです。スタンダードなものとは別に、ぼくのおすすめの調理法も紹介しています。

　フレンチといえば、やはり仔羊や鴨肉を使った料理も定番ですね。鴨は特に果物を使ったソースとの相性がよく、ミックスベリーをふんだんに使用したベリーソースを合わせました。見た目も華やかでおしゃれな一皿です。野菜やキノコ、フルーツなどを合わせて使いながら、肉のもつ旨みを存分にいかしましょう。

ハンバーグ

Steak hâché

ハンバーグは粘りが出るまでしっかり練る

　ハンバーグ作りのポイントのひとつが、挽き肉の練り方です。ハンバーグだねの材料を混ぜ合わせたら、手を泡立て器のように立て、粘りが出て白っぽくなるまで、よーく練ります。そうすると、ジューシーでふんわりとやわらかいハンバーグができます。

　焼き上がりの見極めが難しいところですが、ここで紹介したレシピは、焼いたあとソースで煮込むので、「焼けているかな」と気にする必要はありません。焼き色はやや強めにつけてください。その焦げが煮込むときの旨みになります。

●材料（2人分）

【ハンバーグだね】

合挽き肉	150g
玉ネギ	1/4個（80g）
パン粉	20g
牛乳	大さじ2
卵	1個
塩、黒こしょう、ナツメグ	各適量

【ソース】

玉ネギ	180g
ウスターソース	40g
ケチャップ	60g
ビーフだし（→ P.18）	150㎖
マヨネーズ	15g

【つけ合わせ】

ジャガイモ	2個（140g）
サヤインゲン	6本

【ニンジンのグラッセ】

ニンジン	1本（100g）
バター	10g
グラニュー糖	小さじ1
水	大さじ1
オリーブオイル	大さじ1

●下準備

- ハンバーグだねの玉ネギはみじん切りにする。
- ソースの玉ネギは2㎝厚さの輪切りにし、ほぐしておく。
- ジャガイモは下ゆでして、半分に切る。
- サヤインゲンは下ゆでする。
- ニンジンは下ゆでし、1㎝幅の輪切りに4枚切り、残りは縦に2等分に切る。

1 パン粉をふやかす

パン粉に牛乳を加え、ふやかしておく。

2 玉ネギを炒める

フライパンにオリーブオイル（分量外）を熱し、ハンバーグだねの玉ネギを加え、しんなりするまで炒める。

3 冷ます

バットに移し、冷ます。

> 冷ますときは、熱を逃がすために、バットの下に木ベラなどをはさみます。

4 ハンバーグだねを練る

ボウルに1、3、合挽き肉、卵、塩、こしょう、ナツメグを合わせる。手を泡立て器のように立て、しっかりと練る。

粘りが出て白っぽくなるまで練る。

> ！ 練りが足りない人が多いので注意。ここでしっかりと練ることで、ふんわりと焼き上がります。

5 冷蔵庫で休ませる

ラップをかぶせて、冷蔵庫で1時間程休ませる。

> いろいろな材料を合わせているので、休ませることでそれらが馴染みます。また、挽き肉の脂身もかたく締まり、扱いやすくなります。

6 ニンジンのグラッセを作る

フライパンに水、バター、グラニュー糖を入れ火にかける。

> ハンバーグだねを休ませている間にニンジンのグラッセを作ると効率がよいでしょう。

7 ニンジンを加える

グラニュー糖が溶けたらニンジンを加え、フライパンをゆすりながら炒める。

8 よくからめる

水分がなくなるまでからめたら、火を止める。皿に盛っておく。

> 徐々に水分がとんで液体に濃度がつき、からんできます。もし分離してしまったら、水を少し加えてください。

9 ハンバーグを成形する

手のひらにオリーブオイル（分量外）をつける。

10 空気を抜く

5の半量を取り、左右の手のひらに交互に打ちつけながら、キャッチボールをするように行き来させ、空気を抜く。

11 くぼみをつける

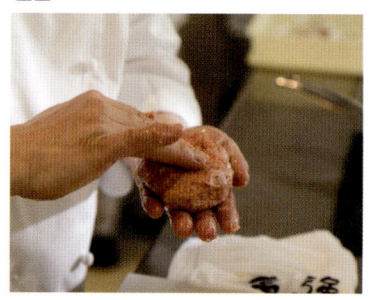

真ん中を指先で押さえてくぼませる。同様にして、もうひとつ作る。

> 焼くと中央が膨らむので、くぼみをつけます。

12 焼く

フライパンにオリーブオイルを熱し、ハンバーグを並べる。

13 ひっくり返す

片面に焼き色がついたらひっくり返し、蓋をしてさらに焼く。

> 煮込むときの旨みになるので、焼き色はやや強めにつけましょう。

14 つけ合わせを加える

途中、つけ合わせのジャガイモとサヤインゲンを加え、一緒に焼き色をつける。

> 挽き肉の肉汁が出ているフライパンで野菜も焼くことで、野菜に肉の香りがつきます。

15 取り出す

ハンバーグに7割程火が入り、野菜にも焼き色がついたら、すべてバットに取り出す。

> ！ ハンバーグがふっくらと膨らんでいることが目安。このあと煮込むので、この時点では中まで完全に火を入れる必要はありません。

16 ソースを作る

14のフライパンに玉ネギを加え、焼き色がつくまで炒める。

17 煮詰める

ビーフだしを加え、強火で半量まで煮詰める。

18 調味する

ウスターソースとケチャップを加えて煮立てる。

19 ハンバーグを戻す

ハンバーグを戻し入れる。

20 煮る

蓋をし、ときどきソースをかけながら中火で煮て、中まで火を入れる。

> ここで、7割程火が入っていたハンバーグの残りの3割に火を入れます。

21 つけ合わせを戻す

仕上がる直前に、ジャガイモとサヤインゲンを加え、温めて火を止める。皿にハンバーグ、玉ネギ、つけ合わせを盛る。

22 ソースを仕上げる

フライパンに残ったソースに、マヨネーズを加える。均一になるまで混ぜ合わせ、ハンバーグにかける。

> マヨネーズは、バターの代わりのもので、コクをつけるために使います。分離しないように、火を止めてから最後に加えてください。

advice

玉ネギは炒めても生でも

ハンバーグだねに加える玉ネギは、炒めたものを使うのが一般的ですが、生のまま使う場合もあります。炒めたものは、玉ネギの甘みが立っていて、たねと馴染みやすいのが特徴。一方、生のままのものは、玉ネギの苦みがアクセントとなり、たねに食感が加わります。実は、ぼくは後者のほうが好み。こちらも是非お試しください。

シャリアピンステーキ

Steak Chaliapin

おすすめの焼き加減は、ミディアムレア

ポイントは、漬けだれにランプ肉を漬け込み、肉質をやわらかくすること。できるならば一晩漬けるとベストです。

ランプ肉は脂身の少ない赤身の肉なので、火を入れすぎず、ミディアムレアくらいに焼き上げるのが美味しいと思います。ミディアムレアの見極めは、「耳たぶくらい」とよくいいますが、慣れないと、ベストな状態に火を入れるのはなかなか難しいものです。はじめのうちは、一度取り出して端のほうを少しだけ切って確かめるのが一番。肉を切り離さないように少しだけ切り目を入れて色を見るとよいでしょう。経験を積むと、ちょうどよい焼き具合というのが、だんだんと分かるようになります。

漬けだれは、そのままソースに活用する

ここでは、漬けだれをそのままソースとして利用するレシピにしました。漬けだれには、玉ネギのほかにリンゴや大根のすりおろしも入っているので、肉が焼けた横でよく炒めて、甘みを十分に引き出してください。

つけ合わせには、牛肉と相性のよいクレソンを使っています。茎の部分はかたいので、生で添えるのは葉のほうだけです。けれど、茎のほうにも香りがあるので、刻んでソースの中に混ぜ込みました。単色の玉ネギソースのところどころに緑が見え隠れしてアクセントになりますし、甘みが立ったソースの中に、クレソンの風味がきいたソースができます。

● 材料 (2人分)

牛ランプ肉 (ステーキ用)
　　　　　　　　 2枚 (180g × 2)
塩、黒こしょう ……… 各適量
小麦粉 ………………… 適量
オリーブオイル ……… 大さじ1
バター …………………… 40g
醤油 …………… 大さじ1/2弱
クレソン ………………… 1袋
ブロッコリー …… 1/2個 (80g)
【漬けだれ】
┌ リンゴ ……… 1/2個 (90g)
│ 大根 ……… 1/20個 (45g)
│ 玉ネギ ……… 1/4個 (45g)
│ しょうが ……… 1片 (15g)
└ ニンニク ……… 1/2片 (8g)

● 下準備

・クレソンは葉と茎に切り分け、茎は5mm幅の小口切りにする。
・ブロッコリーは小房に分け、塩ゆでする。
・リンゴ、大根、玉ネギ、しょうが、ニンニクは、すりおろす。

1 漬けだれを作る	2 スジを切る	3 下味をつける

漬けだれの材料をすべて合わせ、混ぜる。	牛肉は、包丁の刃先でスジを切る。	塩、こしょうをふって下味をつける。

> 肉のスジは加熱することで縮むので、切らずに焼くと肉がスジに引っ張られて反り返ってしまいます。見た目にもよくなく、焼きムラもできてしまうので、切っておきましょう。

4 漬ける

バットに牛肉を並べ、1の漬けだれを
のせ、冷蔵庫で最低1時間、できれば
一晩漬け込む。

❗ この漬けだれに漬け込むことで、肉質
をやわらかくします。

5 裏返す

途中で（1時間漬ける場合は30分たっ
たら）肉を裏返し、再び冷蔵庫に入れ
て漬ける。

長い時間漬ける場合は、定期的に何度か
裏返して両面を漬けましょう。

6 漬け終わり

牛肉を取り出し、漬けだれをぬぐい取
る。

7 漬けだれを分ける

漬けだれはソースに使うので、別に取
り分けておく。

漬けだれをソースに活用することで、無駄
のないレシピになります。

8 小麦粉をまぶす

牛肉の両面に小麦粉をまぶす。

9 強火で焼く

フライパンにオリーブオイルの半量を
熱し、牛肉を1枚入れ、強火で焼く。

ここでは1枚ずつ焼いていますが、フライ
パンが大きければ、2枚同時に焼いても構
いません。

10 裏返して焼く

焼き色がついたら裏返し、弱火にして
焼く。

11 ミディアムレアに仕上げる

何度か返しながら、ミディアムレアまで焼く。

肉を指で押したときに、耳たぶくらいのかたさならば、ミディアムレアに火が入っています。

12 バターを加える

肉を端に寄せ、あいたところにバターの半量を加えて溶かす。

肉を2枚まとめて焼く場合は中まで火を通してから取り出し、あいたフライパンにバター全量を加えます。

13 漬けだれを加える

バターが半分くらい溶けたら、7の漬けだれの半量を加える。

14 漬けだれを炒める

しっかり炒めて、玉ネギの甘みを引き出す。

15 醤油を加える

塩、こしょうをふり、醤油の半量を加えて味をととのえる。

16 クレソンの茎を加える

クレソンの茎を加えて炒め合わせ、牛肉の上にのせる。皿にクレソンの葉とブロッコリーを敷き、牛肉を盛る。

もう1枚も同様にして焼いていきます。

advice

つけ合わせの盛り方にひと工夫

　難しい飾りつけをしなくても、つけ合わせの盛り方を少し変えてみるだけで、いつもの食卓に変化をつけることができます。

　ここでは、放射状にクレソンとブロッコリーを並べ、中央に牛肉を盛りつけました。こうすると、ぱっと明るい感じがして、華やかさがアップします。肉を手前に盛り、奥につけ合わせを添えるいつもの盛り方でも構いませんが、ときにはこんなふうに冒険してみると楽しいです。

肉は酵素でやわらかくなる

　かたい肉でもやわらかく食べることができるのが魅力のシャリアピンステーキ。肉がやわらかくなるのは、玉ネギに含まれる酵素の働きによるものです。玉ネギだけでなく、パイナップルなどにも同様の成分が含まれています。

　よく一緒に食べられているのには、そういった理由があるのです。

牛肉の赤ワイン煮

Bœuf bourguignon

ブルゴーニュ地方の郷土料理

　牛肉の赤ワイン煮（ブッフ・ブルギニョン）は、フランスの中東部にあるブルゴーニュ地方の名物料理で、ビーフシチューの元となっています。有名なブルゴーニュ地方の赤ワインをたっぷり使って、牛肉を長時間煮込むのが本場の味。フランスでは、飲み残しのワインが使われます。もちろん日本ですから、日本産のワインを使ってなんら問題ありません。

　牛肉はすね肉を使いましたが、肩ロースやバラ肉などでも構いません。脂身が適度に混ざっている部位のほうが適しています。

　メインの一皿なので、肉の存在感があるように、やや大きめに切りましょう。煮崩れを防ぐために、牛肉を糸で縛る場合もありますが、手間なので、それは省きました。できるだけ手間をかけずに、美味しいフレンチを作ってほしいからです。

キャラメリゼすることで味に深みを出す

　肉を焼いたあとに玉ネギを炒め、バターと砂糖を入れてキャラメリゼします。この工程の目的は2つあります。ひとつは、甘みをつけるためです。赤ワインをたっぷり使うので、ワインの酸味と相まって、甘酸っぱい味を作り出すことができるのです。

　それなら、砂糖を焦がさずに加えればいいのではないかと思うかもしれませんが、それでは、ただ甘いだけ。焦がして深みを出すことが2つめの目的です。キャラメリゼすることで香ばしさが加わり、甘いだけではなく、味に深みが出るのです。

●**材料**（2人分）

牛すね肉（かたまり）	300g
塩、黒こしょう	各適量
ニンニク	1片
オリーブオイル	大さじ1

香味野菜
┌ 玉ネギ	1/4個(50g)
└ ニンニク	5g
バター	12g
A ┌ バター	24g
└ グラニュー糖	10g
トマトペースト	50g
赤ワイン	400㎖
ビーフだし（→ P.18）	200㎖
マカロニ（乾）	80g

●**下準備**
・香味野菜の玉ネギ、ニンニクはみじん切りにする。
・マカロニはゆでておく。

1 牛肉を切る

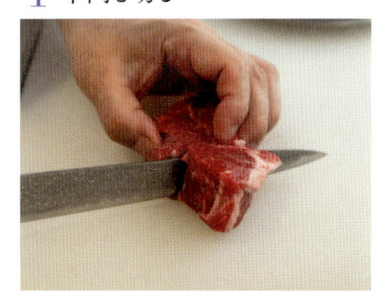

牛肉は、ひと口大に切り分ける。

やや大きめに切って、肉の存在感を出しましょう。

2 塩、こしょうをふる

牛肉に塩、こしょうをふり、返して裏面にもふる。

3 香りを出す

鍋にオリーブオイルを熱し、ニンニク（1片）を入れて香りを出す。

4 強火で焼く

牛肉を加え、強火で全体に焼き色をつける。

肉の表面を焼き固めておくことで、煮崩れを防ぎます。火を通しすぎると煮込んでもやわらかくならないので、表面の色が変わる程度でOK。

5 肉を取り出す

表面の色が変わったら、牛肉とニンニクを取り出す。

6 バターを熱する

4の鍋にバター（12g）を熱する。

7 香味野菜を炒める

みじん切りにした玉ネギとニンニクを加え、鍋底の焦げをこそげ取りながら、色づくまでしっかりと炒める。

❗ 鍋底についた焦げが旨みの素。木ベラでこそげ取りながら炒めます。

8 砂糖とバターを加える

玉ネギとニンニクを端に寄せ、あいたところにAのバターとグラニュー糖を加える。

9 キャラメリゼする

バターが溶けてグラニュー糖が少し色づき、焦げた砂糖の香りが立つくらいまで炒める。

❗ キャラメリゼすることで甘みと香ばしさを作り出します。

10 トマトペーストを加える

トマトペーストを加えて炒める。

ホール缶ではなくトマトペーストを使うことで水っぽくならず、煮込み時間を短縮できます。ホール缶を使う場合は煮込み時間を延ばしてください。

11 馴染ませる

全体に馴染むまでよく炒める。

12 水分を加える

赤ワインとビーフだしを加える。

13 牛肉を戻す

5の牛肉とニンニクを戻し入れる。

14 沸かす

殺菌のためいったん沸騰させる。

沸騰させてから火を弱めることで浸透圧で素材に味が入りやすくなり、調理時間も短く済みます。

15 アクを取る

アクを取り除く（→ P.11 アク取りのコツ）。

16 煮込む

蓋をして火を弱め、牛肉がやわらかくなるまで1時間30分程煮込む。

！表面が少しふつふつと沸き立つくらいの火加減で、じっくりコトコトと煮込みます。

17 煮上がり

1時間30分煮込んだもの。煮詰まって煮汁の色が濃くなり、凝縮されて煮汁の量も少なくなっている。皿に牛肉とマカロニを盛り、ソースをかける。

advice

マカロニは好きな味つけで

つけ合わせのマカロニは、赤ワインのソースとからめて食べると美味しいです。今回はシンプルに、ただゆでるだけにしました。牛肉を煮込んでいる間にゆでておくとよいでしょう。

物足りないという人、ちょっとアレンジしたいという人は、チーズをからめてみても美味しいです。ゆでてからめるだけなので、手間もほとんど変わりません。つけ合わせに決まりはありませんので、自由にやってみましょう。

ローストビーフ

Bœuf rôti

最大のポイントは、肉の火の入れ方

牛肉は室温に戻しておきます。肉のかたまりの大きさにもよるので一概にはいえませんが、少なくとも1時間はおいておきましょう。冷蔵庫から出したてのものでは、火が通りにくいからです。表面は理想の焼き具合なのに、肉の中心部は冷たいままといった状態になってしまいます。

塩、こしょうをふったら、オーブンで焼く前にフライパンで表面を焼き固め、旨みを中に閉じ込めましょう。

オーブンで焼いたら、アルミホイルに包んで休ませます。「肉は焼いた時間と同じだけ休ませる」とよくいわれますが、これがローストビーフを美味しく仕上げるコツです。この間に肉汁が落ち着き、肉の中に閉じ込められます。焼きたてをすぐにカットすると、せっかくの美味しい肉汁があふれ出てしまいます。

ソースには、肉と野菜の旨みを加えて深みを出す

肉を休ませている間にソースを作ります。香味野菜を焼いた天板には旨みがこびりついているので、ビーフだしを注いでこそげ取ります。香味野菜ごとフライパンに移して、軽く煮詰めて野菜の旨みもソースに移しましょう。さらに、ソースの仕上げに、休ませている間に出てきた肉汁も加えます。このようにして、肉と野菜の旨みを余すところなくソースに移し、ソースに深みを与えるわけです。

● 材料 (2人分)

牛もも肉 (かたまり) ……… 300g
塩、粗挽き黒こしょう … 各適量
ニンニク (皮つき) ……… 1片
オリーブオイル ……… 大さじ1
香味野菜
　┌ 玉ネギ ……… 1個 (300g)
　├ ニンジン ……… 1本 (160g)
　└ ジャガイモ ……… 1個 (300g)
ローリエ ……… 1枚
ローズマリー ……… 1枝
ビーフだし (→ P.18) … 200㎖
塩、黒こしょう ……… 各適量
バター ……… 12g

● 下準備

・牛肉は室温に戻しておく。
・玉ネギは四つ割りにして、それぞれを半分に切る。
・ニンジン、ジャガイモは乱切りにする。

---

1 下味をつける

牛肉に塩、粗挽き黒こしょうを、やや多めにふる。

焼いているうちに取れてしまうので、多めにふりましょう。

2 香りを出す

フライパンにオリーブオイルを熱し、ニンニクを皮ごと入れ、香りを出す。

3 肉を焼く

牛肉を入れて強火で焼く。

オーブンで焼く前に表面を焼き固めておくことで、旨みを中に閉じ込めます。

4 肉の側面を焼く

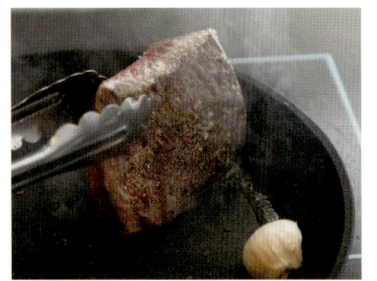

焼き色がついたら、肉を立てて側面を焼く。

5 角に押し当てる

焼き色がついたらほかの面を焼く、というように、肉を転がしながら焼いていき、全面に焼き色をつける。

焼きづらいところは、フライパンの角に押し当てるようにして焼くとやりやすいです。

6 香味野菜を加える

玉ネギ、ニンジン、ジャガイモ、ローリエ、ローズマリーを加えて炒める。

香味野菜を大きめにカットして一緒に炒めることで、旨みや甘みを抽出するだけでなく、つけ合わせにも活用できます。

7 塩、こしょうをふる

塩、黒こしょうをふって味をつける。

8 天板に移す

天板に7のすべてを移す。肉や野菜が重ならないように並べる。

9 オーブンで焼く

200℃のオーブンで10分程焼く。

10 牛肉を取り出す

オーブンから牛肉だけを取り出し、野菜は裏返してさらに10分程焼く。

11 バターをのせる

取り出した牛肉に、バターをのせる。

バターをのせると、肉がしっとりします。

12 室温で休ませる

アルミホルをかぶせ、室温で休ませておく。

! この間に肉汁が落ち着き、肉の中に閉じ込められます。焼きたてをすぐにカットすると、せっかくの美味しい肉汁があふれ出てしまうのでもったいないです。

13 ビーフだしを注ぐ

フライパンにビーフだしを入れて温め、野菜が焼き上がった天板に注ぎ入れ、天板にこびりついた焼き汁をこそげる。

天板にこびりついた肉汁や野菜の汁が旨みの素。ビーフだしを温めると、それが取れやすくなります。

14 フライパンに移す

フライパンに移して軽く煮詰める。

野菜からも旨みが出るので、軽く煮て旨みを引き出します。

15 味をととのえる

塩、黒こしょうをふり、味をととのえ、野菜を取り出す。ソースは残しておく。

16 肉汁を取り分ける

休ませておいた12の牛肉からは、肉汁が出ている。これはソースに加えるので、取り分ける。

17 ソースを仕上げる

15のフライパンに残ったソースに、16の牛肉から出た肉汁を加える。

肉の旨みがソースに移り、味に深みが出ます。

18 煮詰める

沸騰させて、軽く煮詰める。

肉料理のレシピ

19 盛りつける

休ませておいた牛肉を8mm〜1cm厚さに切る。15の野菜を皿に敷き、牛肉を盛る。肉に塩、黒こしょうを軽くふり、18のソースを添える。

advice

ソースは横に添えるのがおすすめ

ソースは別の器に入れて添えても、肉にかけてもよいですが、ぼくは別の器で添えるのをおすすめします。先に肉にかけてしまうと、せっかくの肉の旨みが逃げてしまってもったいないですから。

食べるときに1枚ずつつけて、肉とソースの旨みを存分に味わうのがよいと思います。

発祥はイギリス

ところで、ローストビーフは、実はフランス料理ではなく、イギリスが発祥の料理。けれど、今では世界中で作られているポピュラーな料理で、フランスでも多くの人が好んで食べます。それは日本も例外ではなく、ホテルのビュッフェなどにもよく登場します。おもてなしの料理を、是非ご家庭で。

豚ロースのソテー

Côte de porc sautée

脂身を先に焼くと、しっとりやわらかな肉に焼き上がる

　ポークソテーのポイントは、脂身をじっくり焼くこと。脂身に切り込みを入れて脂を出やすくし、脂身だけを先に焼いて脂を溶かし出します。豚の脂で焼いていくので、フライパンに油をひく必要はありません。ただし、フッ素樹脂加工のものを使ってください。

　肉を立てれば、脂身だけを焼くことができます。不安定で倒れそうならば、トングでしばらく支えながら焼くといいでしょう。トングでつかんで脂身の焼き具合をときどきチェックしながら、香ばしい焼き色がつくくらいまで焼きます。

　このように脂身を先に焼くと、脂身を通して身にじわじわと火が入るので、かたくなりにくく、しっとりと仕上がります。

オレンジのソースは豚肉と好相性

　オレンジは、まずヘタのついているほうと、ついていないほうの上下を切り落とし、薄皮と果肉のギリギリのところに包丁を当てて、上から下にむきます。里芋の六方むきと同じ要領です。そうしたら、通常ならば果肉の房取りをしますが、もともとオレンジは薄皮も食べられますから、薄皮ごと食べやすい大きさに切ります。薄皮があることで、火を入れてもオレンジの形が保たれやすいので、かえって好都合です。果汁はオレンジジュースを利用しましょう。

　皮も刻んで加えれば、ほどよい苦みが加わって複雑な味わいになります。白いわたは苦いので、そぐようにして取り除いてください。

肉料理のレシピ

● **材料**（2人分）

豚ロース厚切り肉（ソテー用）
　‥‥‥‥2切れ（120g × 2）
塩、白こしょう‥‥‥‥各適量
シイタケ‥‥‥‥‥‥‥‥6個
オレンジ‥‥‥‥‥‥‥‥1個
オレンジジュース（果汁100%）
　‥‥‥‥‥‥‥‥‥‥100ml
A ┌バター‥‥‥‥‥‥‥30g
　└グラニュー糖‥‥‥小さじ1
醤油‥‥‥‥‥‥‥小さじ1強
ブランデー‥‥‥小さじ1/2強

● **下準備**

・シイタケは石づきを切り落とし、半分に切る。

---

1 オレンジの身を切る

オレンジは両端を切り落とし、果肉に沿って皮と薄皮をそぐようにむく。4等分のくし形切りにし、それぞれを斜め半分に切る。

2 わたを取る

オレンジの皮は、白いわたがあるほうを下にして置き、皮だけをそぎ取る。

白いわたの部分は苦いので、できるだけ取り除きます。

3 皮を切る

オレンジの皮をせん切りにする。

4 ジュースとオレンジを合わせる

ボウルにオレンジジュースを入れ、1と3を加えて漬けておく。

5 スジと脂身を切る

豚肉は、赤身と脂身の間にあるスジを包丁の刃先で切り、脂身には切り込みを入れる。両面に塩、こしょうをふる。

> スジを切るのは、焼き縮みしないようにするため。脂身を切るのは、焼くときに脂が出やすいようにするためです。

6 脂身を焼く

フライパンを中火にかけて豚肉を2枚合わせ、脂身が下になるように立てて入れる。

> 豚肉を2枚合わせたほうがトングでつかみやすいです。

7 焼き色がつくまで焼く

さわらずにそのまま焼くと、脂が溶け出してくる。ときどき様子を見ながら、脂身に香ばしい焼き色がつくまでじっくりと焼く。

> ! ここで溶け出してきた脂を使って焼くことで、しっとりとした仕上がりになります。

8 全体を焼く

2枚くっつけていた豚肉を1枚ずつ倒し、焼き色がつくまで焼く。

9 裏面を焼く

ひっくり返し、もう一方の面も焼く。

10 シイタケを加える

シイタケを加え、一緒に焼きながら、豚肉に7割程度火が通るまで焼く。

> 同じフライパンで焼くことで、シイタケに肉の旨みを移します。

11 取り出す

豚肉とシイタケをいったん取り出す。

12 キャラメリゼする

10のフライパンに、Aのバターとグラニュー糖を加える。バターが溶けて砂糖が少し色づき、焦げた砂糖の香りが立つくらいまで加熱する。

キャラメリゼすることで甘みと香ばしさを作り出します。

13 ジュースを加える

4のオレンジジュースとオレンジの皮を加えて煮詰める。

14 豚肉を戻す

11の豚肉とシイタケを戻し入れる。

15 オレンジの身を加える

14にオレンジの果肉を加えて炒め合わせる。

16 味をととのえる

醤油、ブランデーを加えて一度沸かし、味を馴染ませる。塩、こしょうで味をととのえる。

フルーツと肉の組み合わせ

　ここでは、豚肉にオレンジのソースを合わせました。オレンジソースといえば、鴨肉のローストと合わせるのが有名ですが、豚肉にもとてもよく合います。しっとりやわらかな豚肉と、オレンジの甘み、酸味、苦み、ジューシーさが調和した、美しい一皿ができあがります。

　この料理のように、フルーツと肉を組み合わせるというのは、結構よくあるパターンです。すりおろしたリンゴに肉を漬けたり、酢豚にパイナップルを加えたり。

　酵素や酸の働きで肉をやわらかくするのに加え、フルーツの酸味や甘みは肉の臭みを消してくれます。見た目も色が増えて綺麗になるので、そういった面でも効果的です。

豚肉のポテ

Potée à l'échine de porc

フランスの家庭料理を手軽に味わう

　豚肉は焼かずに、生のまま水から煮ていくので、鮮度がよいことが重要です。鮮度が
よくないと臭みが出てしまいます。もしあまり鮮度がよくなく、臭いがあるようならば、
軽く焼くとよいでしょう。

　かたまりのまま加熱してもいいのですが、それだと縮まないようにタコ糸で縛るひと
手間が必要です。ポテはレストランの料理ではなく、フランスの家庭料理なのですから、
手軽に作れるよう、あらかじめ大きめに切ってから煮込む方法にしました。ちなみに、
ポトフは煮汁も楽しみますが、ポテはやわらかな豚肉の旨みが一番のポイントとなる料
理です。

● **材料**（2人分）

豚肩ロース肉（かたまり）
　　　　　　　　　　……… 300g
塩、白こしょう ……… 各適量
白ワイン ……………… 100mℓ
チキンだし（→ P.16）…… 400mℓ
水 …………………… 400mℓ
香味野菜
  ┌ 玉ネギ …………… 1/2個
  │ セロリ ……………… 70g
  └ ニンニク ………… 1片
ローリエ ……………… 1枚
ニンジン ………… 1本（130g）
ジャガイモ ……… 大1個（160g）
サヤインゲン ………… 10本

● **下準備**

・ニンジン、ジャガイモは下ゆで
　し、乱切りにする。
・サヤインゲンは下ゆでする。

1 香味野菜を切る

玉ネギはくし形切りにし、セロリは5
cm長さのぶつ切りにする。

> 玉ネギもセロリも、具のひとつになるので、
> 大きめに切りましょう。

2 豚肉に下味をつける

大きめの角切りにした豚肉に塩、こし
ょうをふる。

> 煮込むと縮むので、大きめに切ります。

3 火にかける

鍋に、豚肉、白ワイン、チキンだし、水、
玉ネギ、セロリ、ニンニク、ローリエ
を入れて火にかける。

4 塩、こしょうをふる

一度沸かしてアクを取り、軽く塩、こ
しょうをふる。

5 煮る

蓋をして火を弱め、ときどきアクを取
りながら、豚肉がやわらかくなるまで、
1時間15分程煮る。

6 具を加える

仕上げに、ニンジン、ジャガイモ、サ
ヤインゲンを加えて温める。塩、こし
ょうで味をととのえる。

> 火加減はそのままでOK。煮るのではなく、
> 加えた具が温まれば完成です。

フランスの
家庭料理のポテ

　ポテは、フランスの家庭
料理。肉に季節の野菜をい
ろいろ加え、ブイヨンでコ
トコト煮込んで作ります。
名前の由来は、この料理を
作るときに昔から使われて
いた陶製の煮込み鍋の名前
からきています。地方によ
って入れる具はさまざまで、
その土地ならではの味があ
ります。

鶏肉のソテー

Poulet sauté

鶏肉はフライパンに押しつけながら焼く

　鶏肉のソテーは、パリッと香ばしく焼けた皮と、ジューシーな身が美味しい料理です。

　最も大切なことは、皮をしっかり焼ききることです。そのために、鶏肉は、必ず皮面から火を入れること。皮をじっくり焼いて脂を落とします。焼いているうちに身が反ってくるので、それを上から押さえてフライパンに平らになるようにすることがコツです。鍋の蓋を鶏肉にのせて、体重をかけてぎゅーっと押しつけます。フライパンの直径に合う皿でも構いません。これで皮面に均一に火が当たるようになり、まんべんなく焼けるので、焼きムラができません。

　皮面を焼いている間中押さえつける必要はありませんが、皮の焼け具合をときどき確かめながら、何度か押さえつけ、皮面がパリッと焼けるまで焼いてください。

鶏肉にもジャガイモにも合う粒マスタードのソース

　ソースには粒マスタードを溶かし込み、少し酸味のあるソースに仕立てました。粒マスタードは辛さがマイルドなので、一味唐辛子をほんのひとつまみ加えて、ぴりっとした辛さをプラスしています。

　濃度のあるソースなので、鶏肉とのからみもよく、つけ合わせのジャガイモともよく合います。

●**材料**(2人分)

鶏もも肉 ······ 2枚(180g × 2)
塩、白こしょう ········ 各適量
小麦粉 ················· 適量
ニンニク ················· 1片
オリーブオイル ······· 大さじ2
ジャガイモ ··········· 小6個
白ワイン ··············· 80mℓ
ブランデー ··········· 小さじ2
一味唐辛子 ········ ひとつまみ
粒マスタード ········· 大さじ1
パセリ ················· 少々

●**下準備**

・ジャガイモは皮ごと下ゆでする。
・パセリは粗みじん切りにする。

1 鶏肉にフォークを刺す

！ 肉を均一に焼くためには、焼き縮みを防ぐことが大切。穴を開けることで、皮の焼き縮みを防いで、身が反り返るのを抑えることができます。軽く刺すだけでは穴が開かないので、皮を突き破るまでしっかり突きましょう。

鶏肉は余分な脂肪を取り除き、皮面のところどころをフォークで刺して穴を開ける。

2 塩、こしょうをふる

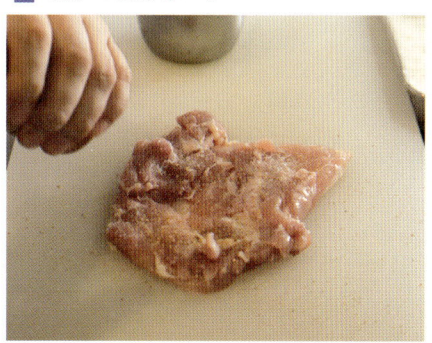

鶏肉の両面に塩、こしょうをふる。

3 小麦粉をまぶす

小麦粉を全体につけ、余分な粉を手ではたき落とし、薄く均一に粉をつける。

小麦粉を薄くはたくことでカリッと焼き上がり、焼き色もつきやすくなります。余分な粉があるとはがれ落ちて焦げやすいので、薄くまぶしてください。

4 香りを出す

フライパンにオリーブオイル熱し、ニンニクを入れて香りを出す。

5 皮面から焼く

鶏肉を皮面から入れて、強火で焼く。

6 押さえつける

焼いているうちに身が反ってくるので、鍋の蓋や皿で上からぎゅっと押さえつけて、皮をしっかり焼ききる。

! 皮面に均一に火が当たるようになり、焼きムラができづらくなります。焼いている間中押さえ続けておく必要はありませんが、皮の焼け具合をときどき確かめながら、何度か押さえつけます。

7 じっくりと焼く

皮がパリッと焼けているか様子を見ながら、じっくり焼いて脂を落とす。

8 裏返して焼く

皮面が香ばしく焼けたら、ひっくり返して焼く。様子を見ながら、強火〜中火で焼き色をつける。

火が弱すぎるとハリがなくなってしまうので、フライパンの中の様子を見て調節してください。

9 ジャガイモを加える

ジャガイモを加えて、一緒に焼く。

10 火が通るまで焼く

何度か返しながら、鶏肉に火が通るまで焼く。

11 白ワインを加える

白ワインを加える。

鶏肉の中心に赤みが残っているくらいのタイミングで加えるのがベスト。目立たない場所を切って中を確認してみてもOK（下記コラム参照）。

12 ブランデーを加える

続けてブランデーを加え、沸騰させてアルコールをとばす。

ブランデーを入れると香りがつき、ソースにコクも出ます。なければ日本酒でも構いません。

13 ソースを作る

鶏肉とジャガイモを取り出し、同じフライパンに粒マスタードを加える。

鶏肉を焼いたフライパンを使うことで、鶏肉から出た旨みがソースに移ります。

14 混ぜる

フライパンに残った焼き汁と粒マスタードを、泡立て器で混ぜ合わせる。

15 一味唐辛子を加える

仕上げに一味唐辛子を加えて混ぜ、ソースを完成させる。

肉料理のレシピ

16 盛りつける

皿に鶏肉とジャガイモを盛る。鶏肉に15のソースをかけ、ジャガイモにパセリをのせる。

---

advice

白ワインを入れるタイミング

鶏肉に完全に火が通る直前くらいのタイミングで白ワインを加えるのがベスト。中心にだけほんのりと赤みが残っている状態です。アルコールを飛ばしている間にちょうどよい焼き加減になります。

ジャガイモのつけ合わせいろいろ

この料理ではジャガイモを下ゆでしたものをつけ合わせとしていますが、ジャガイモを使った料理はほかにもいろいろ。下ゆでしてから裏漉しし、バターや生クリームと合わせるポムピューレや、細く切ったジャガイモをカリッと揚げるポムガレット、フライドポテトとしても知られるポムフリットなどが有名です。

鶏肉のフリカッセ

Fricassée de poulet

白い料理なので、焦げ色をつけないように作る

　フリカッセは肉を焼いてから、小麦粉でとろみをつけた白いソースで煮込む料理です。

　仕上がりを白くしたいので、肉を焼くときは色をつけないようにするのが最大のポイント。皮も身も、表面の色が変わる程度に焼くだけです。香味野菜の玉ネギとニンジンも焦がさないように炒めてください。

　鶏肉は骨つきの肉を使うと、身が縮みにくいですし、骨からだしも出て、それがソースに溶け込み、コクがつきます。ですから、できれば骨つきがおすすめですが、手軽にするならば骨なしの鶏もも肉を大きめにカットして使っても構いません。

香味野菜は具のひとつとして盛りつける

　鶏肉と一緒に煮込む香味野菜は、通常は細かく切り、ソースに風味をつけたら漉してしまいます。けれど、ここでは煮込んでも形が残るように大きく切り、具のひとつとして食べる方法を紹介しています。コトコトと煮込むことでとろとろになった野菜は、捨てるにはもったいない。このように具のひとつにする方法が作りやすいと思います。

　つけ合わせのバターライスは、玉ネギを炒めてから米も炒め、そこにだしを加えて炊き上げるのが通常の作り方ですが、ここでは、家庭で気軽に作れるように、簡単なレシピを紹介しました。材料をすべて炊飯器に入れてスイッチを押すだけなので簡単です。フリカッセはパスタとも合うので、ゆでたパスタを添えてもよいでしょう。

● **材料**（2人分）

鶏もも肉（骨つき）………2本
塩、白こしょう………各適量
ニンニク………1片
オリーブオイル………小さじ5
香味野菜
　┌ 玉ネギ………1/2個（140g）
　└ ニンジン………1/2本（70g）
マッシュルーム………4個
シメジ………1/2パック
シイタケ………2個
小麦粉………15g
白ワイン…大さじ3と小さじ1
チキンだし（→P.16）…500㎖
生クリーム………100㎖
【バターライス】（作りやすい分量）
　┌ 米………2合
　│ バター………25g
　│ 水………400㎖
　│ 玉ネギ………1/4個（40g）
　│ ニンジン………1/4本（25g）
　└ セロリ………1/6本（15g）

● **下準備**

・香味野菜の玉ネギは4等分のくし形切りにする。
・香味野菜のニンジンは乱切りにする。
・シメジは石づきを切り落とし、ほぐす。
・シイタケは石づきを切り落とし、半分に切る。
・バターライス用の玉ネギ、ニンジン、セロリをみじん切りにする。

1 バターライスを炊く

米は洗ってザルに上げ、水気を切る。炊飯器の内釜に米と残りの材料を加え、スイッチを入れて炊く。

2 鶏肉を切り分ける

鶏肉は関節のところに包丁を当ててふたつに切り分け、骨に沿って切り込みを入れる。両面に塩、こしょうをふる。

3 皮面から焼く

鍋にオリーブオイルを熱し、ニンニクを入れて香りを出す。鶏肉を皮面から入れ、焦げ色をつけないように焼く。

! 仕上がりを白くしたいので、皮も身も、焦げ色をつけないようにするのが大切です。焦げ色がつくとソースが濁ってしまうため表面の色が変わる程度でOK。

4 裏返して焼く

裏返し、身の色が変わるまで焼く。焦げ色はつけない。

5 バットにあける

鶏肉をバットに取り出す（ニンニクは鍋に残しておく）。

6 香味野菜を炒める

4の鍋に、香味野菜の玉ネギ、ニンジンを加え、玉ネギがしんなりするまで炒める。焦がさないように注意。

! 香味野菜は具のひとつとして食べます。煮込んでも形が残るくらい大きく切って炒めましょう。

7 キノコを加える

マッシュルーム、シメジ、シイタケを加えて、さらに炒める。

8 小麦粉をふり入れる

小麦粉を全体に散らすようにふり入れる。

小麦粉を加えることでソースにとろみがつきます。

9 炒め続ける

粉っぽさがなくなるまで炒める。

10 鶏肉を戻す

5の鶏肉を鍋に戻し入れ、サッと混ぜ合わせる。

11 白ワインを加える

白ワインを加え、アルコールをとばす。

12 チキンだしを加える

チキンだしを加え、殺菌のため一度沸騰させてアクを取る。

沸騰させてから火を弱めて温度を下げることで、浸透圧により素材に味が入りやすくなります。

13 煮込む

塩、こしょうで味をつけ、蓋をして弱火で30分程煮込む。

時間がたつにつれて濃度がついてくるので、鍋底が焦げないように、ときどき底から大きく混ぜてください。

14 生クリームを加える

仕上げに生クリームを加える。

15 沸かす

ひと煮立ちさせる。

生クリームを加えたら長く煮すぎないように注意しましょう。

16 味をととのえる

塩、こしょうをふって味をととのえる。

17 盛りつける

皿にバターライスを盛り、鶏肉と野菜、キノコを盛り合わせ、ソースをかける。

advice

オリーブオイルの香り

　P.10の油の使い方のコツでも説明しましたが、この料理で使う鶏肉のように、素材自体に旨みがあるならば、植物性の油脂を使います。

　ぼくはオリーブオイルを使うことが多く、この料理でも使っています。その理由は、オリーブオイルの香りをつけたいから。ですが、サラダ油など、好みのもので構いません。

骨つき仔羊のロティ

Côtelettes d'agneau rôties

仔羊から出てきた脂をかけながら焼く

フランス語のロティは、「あぶり焼き」という意味で、英語でいうところのローストです。あぶり焼きだけでなく、オーブンで加熱したり、フライパンで焼いたりする料理もそう呼びます。

仔羊のロティは、仔羊から出る脂をかけながら焼くので、下ごしらえの段階で、脂身に切り込みを入れて脂が出やすいようにしておきます。

焼いているうちに徐々に仔羊から脂が出てくるので、これをスプーンですくい、かけながら火を通します。熱い脂をかけることで、フライパンからの熱だけでなく、上からも熱が加わるので、火の通りがよくなります。

つけ合わせは、ここではラタトゥイユを添えました。仔羊が温かい料理なので、ラタトゥイユも温かいほうが合うと思います。つけ合わせに決まりはないので、マッシュポテトでも、ゆで野菜でも、お好みのものを添えてください。

仔羊肉には粗挽きの黒こしょうがよく合う

仔羊の肉は、鶏肉や豚肉などの白い肉に対し、牛肉などの赤い肉と同じ分類なので、黒こしょうを使います。実際、仔羊の肉は鶏肉などに比べると少し野性味があって力強い味わいなので、粗挽きの黒こしょうがよく合います。下味には粗挽きの黒こしょうを使い、仕上げには黒こしょうをたっぷりめにふりましょう。

● 材料 (2人分)

骨つき仔羊肉	4本
塩、粗挽き黒こしょう	各適量
ニンニク	1片
ローズマリー	1枝
オリーブオイル	小さじ2
ビーフだし (→ P.18)	70㎖
バター	8g
塩、黒こしょう	各適量
【つけ合わせ】	
ラタトゥイユ (→ P.70)	適量

1 下味をつける

肉の両面に塩、粗挽き黒こしょうをふって下味をつける。

> 身が赤い肉なので、黒こしょう、特に粗挽き黒こしょうがよく合います。

2 手で押す

肉を手で押して、塩とこしょうを馴染ませる。

3 切り込みを入れる

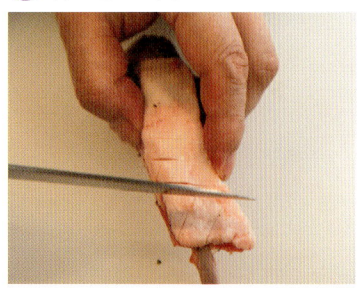

脂身のところに、包丁で格子状に切り込みを入れる。

> 脂身に切り込みを入れることで、焼いたときに脂が出やすくなります。

4 香りを出す

フライパンにオリーブオイルを熱し、ニンニクを入れて香りを出す。

5 仔羊肉を入れる

フライパンに仔羊肉を並べ入れる。

6 強火で焼く

ローズマリーを加え、強火で仔羊に焼き色がつくまで焼く。

7 裏面を焼く

裏返し、もう一方の面も強火で焼き、香ばしい焼き色をつける。

8 脂を戻しかける（アロゼ）

両面に焼き色がついたら、中火にし、仔羊から出た脂をスプーンですくって、肉にかけながら焼く。

> ！ 脂をかけることで、火の通りがよくなります（右ページコラム参照）。

9 火が通るまで焼く

ときどき返しながら全体に香ばしい焼き色がつき、中まで火が通るまで焼く。皿に肉を盛っておく。

> 肉を手でさわってみて、弾力があれば焼けています。フライパンは洗わないで OK。

10 ソースを作る

9のフライパンの余分な脂を捨てる。

> 脂を捨てずに使うと、焼けた脂臭さがソースにつき、味がくどくなってしまいます。

11 ビーフだしを加える

ビーフだしを加えて沸騰させ、半量ほどに煮詰める。

12 バターを加える

仕上げにバターを加えて、とろみをつける。

13 味をととのえる

塩をふり、黒こしょうを多めにふって
味をととのえる。

14 ソースをかける

盛りつけておいた肉に、ソースをかけ
る。つけ合わせとして、ラタトゥイユ
などをお好みで添える。

脂を戻しかけるアロゼ

　工程8で行っていますが、フライパンに溜まった脂をスプーンですくって素材にかける技法を「アロゼ」
といいます。

　アロゼをすることで火の通りがよくなるとともに、表面が乾燥するのを防ぎます。また、溶け出した肉
の旨みを戻すこともできます。脂は底からすくわず、なるべく上澄みをすくいかけるようにしましょう。

　この料理以外でも、サーモンのポワレ（→ P.90）や鴨のロティ（→ P.154）で行っている技法ですので、
是非覚えておきましょう。

肉から出てフライパンに溜まった脂をスプー
ンですくい取る。

肉に脂を戻しかける。これをくり返すと、火
が早く通る。

肉料理のレシピ

鴨のロティ

Canard rôti

鴨肉もホウレン草のソテーも同時に完成が理想

　今回は分かりやすいよう、ホウレン草のソテーを作る工程を分けて説明していますが、慣れてきたら同時進行してみましょう。時間差なく完成し、どちらも美味しいタイミングで食べることができます。

　鴨肉の下ごしらえが終わったら、焼く前にホウレン草も切ってしまえば、包丁を使う作業はおしまいです。鴨肉が焼き上がってソースを煮詰めている間に、ホウレン草のソテーを作ります。完成するころにはソースも煮詰まっているはずですから、ソースを仕上げ、鴨肉とからめましょう。彩りが綺麗で華やかな料理なので、クリスマスやイベントにもおすすめです。

● 材料（2人分）

鴨むね肉 ・・・・・・・・・・ 1枚(230g)
塩、黒こしょう ・・・・・・・ 各適量
粗挽き黒こしょう ・・・・・・・ 適量

【ベリーソース】
バター ・・・・・・・・・・・・ 20g
グラニュー糖 ・・・・・・・・・ 15g
バター（仕上げ用）・・・・・・・ 8g
ミックスベリー（冷凍）
・・・・・・・・・・・・・・・・・・100g
ビーフだし（→ P.18）・・ 200㎖
レモン汁 ・・・・・・・・・・ 大さじ1

【ホウレン草のソテー】
ホウレン草 ・・・・・・・ 1束(170g)
ニンニク ・・・・・・・・・・・・ 1片
バター ・・・・・・・・・・・・ 12g
塩、白こしょう ・・・・・ 各適量

1 ホウレン草のソテーを作る

ホウレン草は6㎝長さに切る。

2 根は縦半分に切る

根元のほうは半分の長さに切り、さらに縦半分に切る。

茎や根はかたいので、その分細かくします。

3 フォークにニンニクを刺す

ニンニクは丸ごとフォークに刺す。

このフォークでホウレン草を炒めていきます。そうすると、ニンニクの香りだけをホウレン草につけることができます。

4 香りをつける

フライパンにバターを熱し、フォークに刺したニンニクで香りをつける。

5 茎と根を炒める

バターが溶けたらホウレン草の茎と根を加え、しんなりするまで炒める。

6 葉を加える

ホウレン草の葉を加える。

根や茎とはかたさが異なるので、時間差で炒めます。

7 塩、こしょうをふる

塩、こしょうをふって味をととのえ、引き続き炒める。

8 ホウレン草のソテーの完成

しんなりするまで炒め、火を止める。

肉料理のレシピ

1 鴨のロティを作る

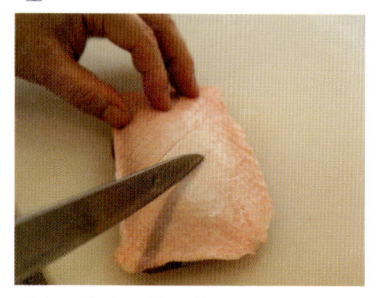

鴨肉は脂身に格子状の切り込みを入れる。

脂身に切り込みを入れておくことで、焼いたときに脂が出やすくなります。

2 下味をつける

鴨肉の両面に塩、黒こしょうをふる。

鴨肉は身が赤い肉なので、黒こしょうをふります。

3 皮面から焼く

フライパンを火にかけ、鴨肉を皮面から中火で焼く。

鴨肉に脂が多いときは油はひかなくてOK。脂が少なければ少しオリーブオイルをひいてください。

4 裏面を焼く

皮面に焼き色がついたら、ひっくり返す。身のほうにも焼き色がついたら、火を弱めて（中火〜弱火）さらに焼く。

5 脂をすくう

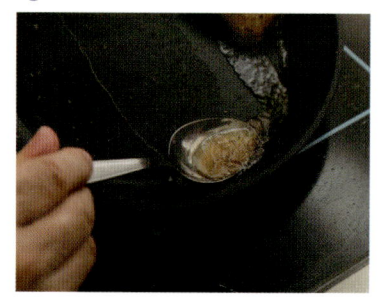

徐々に鴨肉から脂が出てくるので、フライパンを傾けて脂を集め、スプーンですくう。

6 脂をかける

脂を鴨肉に戻しかける。

脂をかけると、熱い脂が中まで染み込むので、早く火が通ります（アロゼ→ P.153）。

7 中まで火を通す

何度かひっくり返し、身のほうにも脂をかける。焼いている間、これをくり返しながら、中火〜弱火の火加減で火を通す。

さわったときに耳たぶくらいのかたさが目安です。出てきた脂は焦がさないよう注意しましょう。

8 バットに取る

火が通ったら鴨肉をバットに取り出す。

9 ソースを作る

7のフライパンの余分な脂を捨て、バターとグラニュー糖を加えて火にかける。

10 キャラメリゼする

バターが溶けて砂糖が少し茶色に色づき、焦げた砂糖の香りが立つくらいまで加熱する。

キャラメリゼすることで甘みと香ばしさを作り出します。

11 ビーフだしを加える

ビーフだしを注ぎ入れる。

12 煮詰める

1/3量くらいになるまで、中火で煮詰める。

ホウレン草のソテーと同時進行する場合は、この間にホウレン草を炒めると効率がよいです。

13 煮詰め終わり

煮詰まったところ。色が濃くなり、濃度もついている。

14 レモン汁を加える

レモン汁を加えて混ぜる。

レモン汁を加えることで味が締まるとともに、色が鮮明になります。

15 バターを加える

仕上げ用のバターを加える。

肉料理のレシピ

16 ベリーを加える

ミックスベリーを凍ったまま加える。凍ったまま加えることで、水っぽくならず、ベリーの形も残る。

鴨は黒すぐりや野イチゴなど、ベリー系が好相性です。合わせる素材を考えるときは、その動物が食べている食材を使うと相性がよいといわれています。

17 鴨肉を戻す

8の鴨肉を焼き汁ごと戻し入れ、ソースをからめる。鴨肉を取り出して、1.5〜2cm厚さのそぎ切りにする。

18 盛りつける

皿にホウレン草のソテーを敷き、鴨肉を盛りつける。ベリーソースをかけ、鴨肉に粗挽き黒こしょうをふる。

第6章

デザートのレシピ

シンプルながら 見た目や香りを引き立てる

　食後のお口直しや、おやつとしておすすめのデザートを選びました。

　冷凍フルーツで作ったフルーツソースをかけた「ブランマンジェ」、ケーキ型で作る大きな「クレームカラメル」、しっとりとした「焼きチョコレート」と、系統の違う3品を紹介しています。

　デザートは調理工程が多いですが、できるだけシンプルに分かりやすく、調理時間も短く作れるようにしてあります。また、材料を無駄にしないというのは本書で一貫していますが、デザートも例外ではありません。例えば「ブランマンジェ」では、本来では香りづけのみに使用するアーモンドをミキサーで攪拌し、一緒に食べられるようにしました。このように材料を無駄にせず、かつ香りも引き立たせてアクセントにもなる。そんな工夫が随所に盛り込まれています。

　せっかくですから、美味しいだけでなく、見た目にもときめくデザートを作ってもらいたい。「焼きチョコレート」で紹介した、アングレーズソースとチョコレートソースを使ったデコレーションは、誰にでもできる簡単なテクニックですので、是非覚えて、華やかな一皿に仕上げましょう。

ブランマンジェ

Blanc-manger

アーモンドを最大限にいかす

　牛乳にアーモンドの香りを移してゼラチンで固めた、プルンとした冷たいデザート。見た目のまま、「白い食べ物」という意味があります。

　アーモンドを牛乳に入れて火にかけ、蒸らして香りを移したら、アーモンドは取り除くのがスタンダード。取り除いたものはそこで捨ててしまいます。ですがせっかくアーモンドを買ってきてご家庭で作るのですから、捨ててしまうのはもったいないです。

　そこで、今回のレシピでは、アーモンドは取り除きません。そのままミキサーで撹拌し、一緒に固めます。そうすると、プルンとしたブランマンジェの中にアーモンドのつぶつぶとした食感が残り、アクセントになります。本来取り出すタイミングで取り出さないので、香りもより強くなります。面倒な工程は省き、食材は無駄にせず、美味しいものを作る。ちょっとした工夫で、すべて実現できました。

ソースには冷凍フルーツを使うのがコツ

　フルーツソースのポイントは、冷凍フルーツを使うこと。今回はミックスベリーを使いましたが、マンゴーでもブルーベリーでも、お好きなものを選んでもらって構いません。なぜ冷凍フルーツを使うのがよいかというと、新たに水分を加える必要がないから。鍋にフルーツソースの材料を入れて火にかければ、冷凍フルーツが溶けて自然と水分が得られます。変に水っぽくなる危険性がないので、おすすめです。

<table>
<tr><td colspan="2">● 材料</td></tr>
<tr><td colspan="2">（仕上がり約130g＋ソース×4人分）</td></tr>
<tr><td>牛乳</td><td>350mℓ</td></tr>
<tr><td>グラニュー糖</td><td>68g</td></tr>
<tr><td>粉ゼラチン</td><td>7g</td></tr>
<tr><td>アーモンドスライス</td><td>15g</td></tr>
<tr><td>生クリーム（乳脂肪分35%）</td><td>83mℓ</td></tr>
<tr><td colspan="2">【フルーツソース】</td></tr>
<tr><td>冷凍ミックスベリー</td><td>100g</td></tr>
<tr><td>グラニュー糖</td><td>小さじ5</td></tr>
<tr><td>レモン汁</td><td>6mℓ</td></tr>
</table>

デザートのレシピ

1 牛乳を沸かす

鍋に牛乳とグラニュー糖を入れ、沸かす。

2 アーモンドスライスを加える

アーモンドスライスを加えて、蓋をして5〜10分蒸らして香りを移す。

> ！ アーモンドの風味がこのデザートの醍醐味。牛乳にしっかり香りを移しましょう。

3 ミキサーにかける

2の粗熱をとり、ミキサーで攪拌する。

> ！ 香りを移したあとのアーモンドスライスは取り除くのがスタンダードですが、つぶつぶがアクセントになり、香りも強くなるので、そのまま攪拌します。

4 鍋に戻す

3を鍋に戻し、火にかけ温める。

5 生クリームを加える

生クリームを加え、混ぜ合わせる。

6 ゼラチンを溶かす

粉ゼラチンを加え、混ぜて溶かす。

> 沸騰させるとゼラチンが溶けなくなってしまうため、沸かさないよう注意してください。

7 氷水を用意する

6が入る大きさのボウルを2つ用意し、片方に氷水を張る。

8 粗熱をとる

もう片方のボウルに6を移し、氷水の入ったボウルに当てて粗熱をとる。

> ボウルが2つなければ、鍋のまま氷水を張ったボウルに当ててもOK。

9 冷やす

器に流し込み、ラップをして冷蔵庫で1時間半程冷やし固める。

> 冷蔵庫の開閉による落下物から守るため、ラップをしましょう。

10 冷やし完了

固まっていなければ時間を延ばす。

11 フルーツソースを作る

フルーツソースの材料をすべて鍋に入れて熱する。

12 混ぜる

グラニュー糖が溶けたら混ぜ合わせる。

> ❗ グラニュー糖が溶けたころには、冷凍フルーツからも自然と水分が出てくるので、水を足す必要はありません。冷凍フルーツを使うのはこのためです。

13 ミキサーにかける

粗熱をとってから、12 をミキサーで攪拌する。

> ミキサーで回らない場合は漉しても OK。

14 フルーツソース完成

フルーツソースが完成。

15 ソースをかける

10 の上からソースをかけて完成。

advice

見た目を楽しむ盛りつけ

　ブランマンジェは白い部分もしっかり見えたほうが綺麗で、見た目にも楽しいと思います。今回のように透明な容器に入れてそのままスプーンですくって食べるか、プリン型などに入れて固めてから型抜きし、その上からソースをかけてもよいですね。

　やわらかいので、型を抜くときは、形が崩れないほど固まっているか確認してから抜いてください。固まっていなければ冷やす時間を延ばせば抜きやすくなります。

クレームカラメル

Crème renversée

切り分けて食べる大きなプリン

　ほろ苦いカラメルソースと、なめらかな口どけが特徴のプリン。今回は小分けにするのではなく、ケーキ型を使って大きなものを作りました。大きなプリンはそれだけで見た目のインパクトもありますし、ケーキのように切り分けて食べるのも楽しいのではないでしょうか。

コツは温度を急激に上げすぎないこと

　美味しさの秘訣は、やはり口どけのなめらかな生地。生地に空気が入ってしまったり、ダマができたりしてしまうと、口当たりが悪くなります。ダマは温度差が激しかったり、急激に温められたりすることによってできるので、温度調節には注意が必要です。

　このレシピのポイントは2つあります。ひとつは、卵と混ぜる前の牛乳の温度。一度沸騰させたあと、すぐに卵と混ぜるのではなく、60℃くらいまで冷ましてください。卵黄は65℃くらいから固まりはじめて、すぐにかたくなります。牛乳の温度がそれ以上だと卵黄が固まり、ダマの原因になってしまうのです。また、牛乳と卵を鍋で温めるときも、急激に温度を上げないように、弱火で温めてください。

　そしてもうひとつのポイントが、オーブンで焼く際に、天板に湯を張ること。水蒸気によって型の周りの温度が上がりづらくなるので、アパレイユが沸騰するのを防ぐことができます。また、水分が失われないので、焼き上がりもなめらかになります。もし焼いている途中で水分が蒸発してしまったら、必ず湯を足してください。

● **材料**（直径15㎝丸型1台分）

【アパレイユ】
- 牛乳 ・・・・・・・・・・・・・・・・ 320㎖
- 生クリーム（乳脂肪分35%）
  ・・・・・・・・・・・・・・・・・・・ 85㎖
- 全卵 ・・・・・・・・・・・・・・・ 150g
- 卵黄 ・・・・・・・・・・・・・・・・ 60g
- グラニュー糖 ・・・・・・・・・ 65g
- バニラビーンズ ・・・・・・・ 1/4本

【カラメルソース】
- グラニュー糖 ・・・・・・・・・100g
- 水 ・・・・・・・・・・・・・・・・ 大さじ1
- バター・・・・・・・・・・・・・・・・ 適量

デザートのレシピ

1 型にバターを塗る

型の内側（側面と底）にバターを塗って冷やしておく。

2 カラメルソースを作る

鍋に水を入れて沸騰させ、グラニュー糖を加える。

3 キャラメル色になってくる

写真のようなキャラメル色になるまで、鍋をゆらしながら焦がしていく。甘い香りも濃くなってくる。

少し焦がしめにすると、ほんのり苦みが出て美味しいです。ただ、このあとオーブンでも火が入ることを考慮してください。

4 型に流す

3を型に流す。粗熱をとってから冷蔵庫で冷やしておく。

鍋で熱していたときよりも色が濃くなります。

5 バニラビーンズの粒をこそげる

バニラビーンズのさやを半分に切り、中の粒をこそげ取る。

6 グラニュー糖と合わせる

アパレイユ用のグラニュー糖を紙の上に広げ、5でこそげた粒をすり合わせる。

種が最も香りの強い部分。混ぜ合わせることによってグラニュー糖にバニラの香りがつき、さやのまま入れたときよりも香りが約10倍よくなります。

7 火にかける

鍋に牛乳、生クリーム、6、バニラビーンズのさやを入れて中火にかける。

8 混ぜながら溶かす

沸騰直前まで温め、泡立て器で混ぜながらグラニュー糖を溶かす。溶けたら一度沸騰させてから、60℃くらいまで冷ます。

! ここで冷まさずに次の工程に進んでしまうと、ダマの原因になります。

9 卵を混ぜ合わせる

ボウルに全卵と卵黄を入れて混ぜ合わせる。

10 8を加える

9に8を少しずつ加えながら混ぜ合わせる。

11 鍋に戻す

10を鍋に戻し、弱火にかけて混ぜながら、とろみをつける。

! 温度調節に注意。温度差が激しかったり、急激に温められたりすることによってダマができます。温度を上げすぎないように、弱火で加熱しましょう。火にかけるのは、濃度をつけて固まりやすくするためと、卵の殺菌のためです。

12 型に流す

4の型に流し入れる。

13 ダマができたら漉す

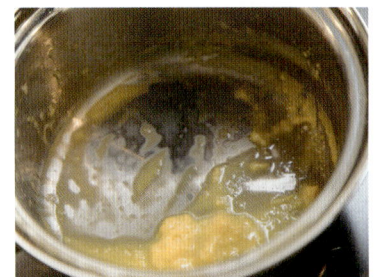

写真よりもダマができてしまっていたら漉す。写真の状態くらいまでであれば、漉さなくてよい。

14 オーブンで焼く

湯を張った天板に置き、140℃のオーブンで35分焼く。

15 焼き上がり

ゆらすとプルプルとしていて、竹串を刺しても何もついてこなければ、火が通っている。

デザートのレシピ

16 冷ます

粗熱をとり、冷蔵庫で冷やし固める。型から抜けるようになるのには1時間半〜2時間程。半日程冷やすと食べごろになる。

17 器にあける

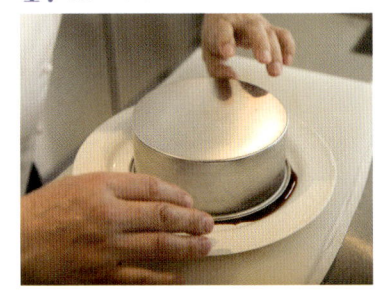

器を型に密着させ、ひっくり返して器にあける。

advice

なめらかさにこだわる

今回はご家庭でも作りやすくシンプルにするために、アパレイユを漉す工程を省略しました。写真で示したくらいのダマであれば、漉さなくても十分なめらかな仕上がりです。しかし、よりなめらかさにこだわりたい人は、目の細かい漉し器で漉してください。卵やグラニュー糖の粒子を取り除くことができ、口当たりがさらによくなります。

焼きチョコレート

Gâteau au chocolat mi-cuit

チョコレートを分離させないことが重要

　濃厚でしっとりとした食感が特徴の焼きチョコレートケーキ。チョコレート好きにはうってつけのデザートです。おすすめは、余熱がとれた、ぬるいくらいの状態で食べること。フランス語ではチェードといって、やわらかな食感をよく味わえます。

　大切なのは、溶かしたチョコレートに材料を加え、混ぜ合わせていく工程。混ざりにくい油分と水分が綺麗に混ざり合った状態を乳化といいますが、チョコレートを乳化させるのは実は大変なのです。失敗すると、乳化の反対で分離といって、油分が浮き上がりボロボロになってしまいます。分離してしまうのを防ぐために、チョコレートと溶かしバターや卵を混ぜる際は、必ず少しずつ加えます。そして、一気に混ぜようとせず、少しずつ、ゆっくりと混ぜてください。マヨネーズ（→ P.42）を作るときと同じ要領です。

簡単にできるデコレーションでおもてなし

　もちろん単体でも美味しいですが、アングレーズソースとチョコレートソースを使って、デコレーションをしてみましょう。デコレーションなんて難しい、と思ってしまっていませんか？でもそんなことはありません。通常デコレーションには、コルネといって、三角形の紙を巻き上げて作る絞り袋を使いますが、今回使うのはティースプーンと竹串のみ。誰にでもできて簡単です。デコレーションの方法を覚えておけば、お客さんに出したときに喜ばれて便利ですから、是非覚えておもてなししてください。

● 材料（直径8cmの丸型×2個分）

チョコレート（70%）	………	80g
溶かしバター	…………	80g
A グラニュー糖	………	65g
A コーンスターチ	……	5g ※
B 全卵	…………	45g
B 卵黄	…………	20g

※小麦粉で代用の場合は2g

【アングレーズソース】

牛乳	…………	160㎖
卵黄	…………	2個分
グラニュー糖	…………	30g
バニラビーンズ	………	1/4本

【チョコレートソース】

チョコレート	…………	20g

デザートのレシピ

1 型にバターを塗る

型の底をホイルで覆い、バター（分量外）を塗り、冷蔵庫で冷やしておく。

2 卵を常温に戻す

Bの全卵と卵黄を合わせ、湯煎にかけて常温に戻しておく。

30℃くらいが分離しにくい温度です。

3 チョコレートを溶かす

生地用、チョコレートソース用のチョコレートを刻み、それぞれ湯煎にかけて溶かしておく。

4 グラニュー糖とコーンスターチを混ぜる

A のグラニュー糖とコーンスターチを容器の中で合わせておく。

小麦粉よりもコーンスターチを使ったほうが、しっとりと仕上がります。小麦粉で代用する場合は 2g 程度で OK です。

5 アングレーズソースを作る

バニラビーンズのさやを縦半分に切る。

6 粒をこそげる

さやの中の粒を包丁でこそげ取る。

7 グラニュー糖と合わせる

グラニュー糖を紙の上に広げ、こそげたバニラビーンズの粒とすり合わせて砂糖に香りを移す。

種が最も香りの強い部分。混ぜ合わせることによってグラニュー糖にバニラの香りがつき、さやのまま入れたときよりも香りが約10倍よくなります。

8 さやは牛乳に浸しておく

粒をこそげて残ったさやは牛乳に浸しておくと牛乳に香りが移る。

9 溶かす

鍋に 7 と 8 を入れて火にかける。一度沸かしてから弱火にし、混ぜながら溶かす。

バニラビーンズのさやもそのまま入れて構いません。気になるようであれば取り除いてください。

10 卵を溶く

卵黄をボウルに入れて溶きほぐす。

11 牛乳と卵を混ぜる

10 の卵に 9 を入れ、泡立て器で混ぜる。

12 鍋に戻す

11 を鍋に戻し、木ベラで混ぜながら、すくったときにヘラについてくる程度まで弱火で加熱する。

急激に温度を上げるとダマの原因になるので、弱火でゆっくり加熱しましょう。

13 器に移す

とろみがついたら火を止め、容器に移しておく。

14 ダマができたら漉す

写真よりもダマができてしまっていたら漉す。写真の状態くらいまでであれば、漉さなくてよい。

15 冷やす

氷水で粗熱をとってから、冷蔵庫で冷やしておく。

冷やさないでおくと雑菌が繁殖してしまうので注意してください。

16 チョコとバターを合わせる

3の生地用のチョコレートをボウルに入れ、分離しないように溶かしバターを少しずつ加えながら混ぜる。

！ 一気に加えると分離するので、必ず少しずつ混ぜます。溶かしバターでなく普通のバターを加えると、チョコレートが固まってしまうので、溶かしバターを使いましょう。

17 グラニュー糖を加える

4のグラニュー糖とコーンスターチを合わせたものを少しずつ加えながら混ぜる。

18 卵を加える

2の全卵と卵黄を合わせたものを少しずつ加えながら混ぜる。

！ 一気に混ぜようとすると分離してしまいます。少しずつゆっくりと混ぜましょう。

19 なめらかになるまで混ぜる

卵を少しずつ加え混ぜていくと、だんだんなめらかになってくる。

卵を一気に加えてしまったりすると、なめらかにならず、油分が浮き上がってボロボロになってしまいます。

20 型に流す

1のセルクルに19を流し入れる。

21 生地を平らにする

台にトントンと打ちつけて、生地を平らにする。

22 オーブンで焼く

130℃のオーブンで40分焼く。

23 焼き上がり

焼き上がり。粗熱がとれたら型の周りにナイフを一周ぐるりと通し、型から外す。

余熱をとって、温かいくらいの状態で食べるのがおすすめ。冷蔵庫で冷やすとかたくなるので、冷やした場合は電子レンジで温めるとちょうどよくなります。

24 アングレーズソースを敷く

15で冷やしておいたアングレーズソースを皿に敷く。

25 デコレーションして完成

3で溶かしたチョコレートソース用のチョコレートを使って、デコレーションする。23の生地をのせて完成。

チョコレート菓子 いろいろ

チョコレートの焼き菓子といえば、ほかにブラウニーやフォンダンショコラが有名です。フォンダンとは溶けるという意味で、生地の中から溶け出すチョコレートを表しています。今回作ったものはそれよりは中がかたく、全体的にしっとりしています。フォンダンショコラよりかたく、ブラウニーよりやわらかい仕上がりです。

2種のデコレーション

〈ハート型〉

1 水玉で囲う

ティースプーンを使ってチョコレートソースを水玉に落とし、円を描く。

水玉を大きく落とせばハートも大きく描けます。

2 竹串で繋ぐ

竹串で水玉の中央をひっかいて繋ぐと、ハート模様になる。

〈うずまき型〉

1 円を描く

ティースプーンを使ってチョコレートソースで円を描く。

ためらわず、思い切ってぐるっとスプーンを動かします。

2 竹串でひっかく

竹串でぐるぐるとひっかいて、うずまき模様を作る。

お菓子作りの基本、アングレーズソース

　牛乳と卵黄、砂糖を混ぜ合わせて作る、お菓子作りの基本のソースです。カスタードソースとしても知られています。作りおきができず、冷凍もできないので、作りたてを使ってください。

　大切なのは、しっかりと炊き上げること。とろみがつくまで加熱するとコクが出て、ただ甘いだけではなくなります。ダマができるのを防ぐために、急激に温度を上げず、弱火で加熱してください。今回は漉していませんが、ダマができてしまったときや、ひと手間加えてもっとなめらかな仕上がりを目指したいときは、漉すとなめらかになります。

　生クリームを加えるレシピもありますが、今回はバニラビーンズの粒をすり合わせて、バニラの香りを砂糖と牛乳に移しました。バニラビーンズは中の粒をこそげて砂糖とすり合わせることで香りが約10倍よくなりますから、アングレーズソースの仕上がりの風味がよくなります。

主材料別索引

●著者紹介

三國清三 （みくに・きよみ）

1954 年北海道増毛町生まれ。15 歳で料理人を志し、札幌グランドホテル、帝国ホテルにて修行後、74 年、駐スイス日本大使館料理長に就任。ジラルデ、トロワグロ、アラン・シャペルなど三ツ星レストランで修行を重ね、82 年に帰国。85 年、東京・四ツ谷にオテル・ドゥ・ミクニ開店。99 年、ルレ・エ・シャトー協会の世界 5 大陸トップシェフに選出される。15 年、フランス共和国レジオン・ドヌール勲章シュバリエを受勲。現在、子どもの食育活動や、家庭でできる手軽なレシピを YouTube で発信している。

●器材協力

エルキューイ・レイノー青山店
☎ 03-3797-0911

ストウブ（ツヴィリング J.A. ヘンケルス ジャパン）
www.staub.jp ☎ 0120-75-7155

レヴォル日本事業部（デニオ総合研究所）
http://www.revol-porcelaine.jp/ ☎ 03-5823-7511

TOMIZ（富澤商店）
http://tomiz.com ☎ 042-776-6488

パナソニック調理商品ご相談窓口
☎ 0120-878-694

ビタクラフトジャパン株式会社
☎ 078-334-6691

ル・クルーゼ カスタマーダイヤル
www.lecreuset.co.jp ☎ 03-3585-0198

●スタッフ

撮影	疋田千里
スタイリング	佐藤朋世
取材・文	荒巻洋子
デザイン	鷹觜麻衣子
DTP	有限会社天龍社
校正	株式会社みね工房
編集協力	株式会社童夢
編集担当	梅津愛美（ナツメ出版企画株式会社）

本書に関するお問い合わせは、書名・発行日・該当ページを明記の上、下記のいずれかの方法にてお送りください。電話でのお問い合わせはお受けしておりません。
・ナツメ社 web サイトの問い合わせフォーム
　https://www.natsume.co.jp/contact
・FAX（03-3291-1305）
・郵送（下記、ナツメ出版企画株式会社宛て）
なお、回答までに日にちをいただく場合があります。正誤のお問い合わせ以外の書籍内容に関する解説・個別の相談は行っておりません。あらかじめご了承ください。

おうちフレンチ 一流に教わる基本のレシピ

2017 年11月6日　初版発行
2023 年5月10日　第4刷発行

著　者	三國清三	© Mikuni Kiyomi, 2017
発行者	田村正隆	
発行所	株式会社ナツメ社	

〒 101-0051 東京都千代田区神田神保町 1-52 ナツメ社ビル 1F
電話　03（3291）1257（代表）　FAX　03（3291）5761
振替　00130-1-58661

制　作　ナツメ出版企画株式会社
〒 101-0051 東京都千代田区神田神保町 1-52 ナツメ社ビル 3F
電話　03（3295）3921（代表）

印刷所　図書印刷株式会社

ISBN 978-4-8163-6342-9
Printed in Jpan
〈定価はカバーに表示してあります〉
〈乱丁・落丁本はお取替えいたします〉

ナツメ社Webサイト
https://www.natsume.co.jp
書籍の最新情報（正誤情報を含む）はナツメ社Webサイトをご覧ください。